Der Herrgott schuldet mir ein Mädchen

D1670972

SERIE PIPER
Band 1667

Zu diesem Buch

Die tschechische Lyrik hat, zumal im 20. Jahrhundert, eine erstaunliche Fülle großer, der Weltliteratur zuzurechnender Autoren hervorgebracht. Neben solchen Autoren wie Holan, Seifert, Halas, Orten oder Nezval, die natürlich gebührend berücksichtigt sind, will der Band auch Autoren vorstellen, die unbekannter geblieben sind, was oft genug nur politischen Gründen zuzuschreiben ist.

So ist eine Sammlung von Gedichten entstanden, in der der deutsche Leser noch eine Fülle erstaunlicher Entdeckungen machen kann.

Ladislav Nezdařil, geboren 1922 in Rožnov pod Radh., Studium der Germanistik, Romanistik und der Vergleichenden Literaturwissenschaft an der Karls-Universität, Professor am Sprachinstitut der Hauptstadt Prag.

Peter Demetz, geboren 1922 in Prag, Studium in Europa und in den USA, Professor für Germanistik und Vergleichende Literaturwissenschaft an der Yale University. Seit seiner Emeritierung lebt er als wissenschaftlicher Pendler zwischen den USA und Europa.

Der Herrgott
schuldet mir ein Mädchen

Tschechische Lyrik
des 20. Jahrhunderts

Herausgegeben und mit einem Nachwort
von Ladislav Nezdařil und Peter Demetz

Piper
München Zürich

ISBN 3-492-11667-1
Originalausgabe
September 1994
© R. Piper GmbH & Co. KG, München 1994
Umschlag: Federico Luci,
unter Verwendung der Collage »Liebelei« (1989)
von Jiří Kolář
Gesamtherstellung: Clausen & Bosse, Leck
Printed in Germany

Prolog

Das Sträußchen
(Aus der Königinhofer Handschrift)

Wehet ein Lüftchen
Aus fürstlichen Wäldern;
Da läuft das Mädchen,
Da läuft es zum Bach.
Schöpft in beschlag'ne
Eimer das Wasser.

Vorsichtig, bedächtig
Versteht sie zu schöpfen.
Am Flusse zum Mädchen
Schwimmet ein Sträußchen,
Ein duftiges Sträußchen
Von Veilchen und Rosen.

Wenn ich, du holdes
Blümchen, es wüßte,
Wer dich gepflanzet
In lockeren Boden,
Wahrlich! dem gäb ich
Ein goldenes Ringlein.

Wenn ich, du holdes
Sträußchen, es wüßte,
Wer dich mit zartem
Baste gebunden,
Wahrlich! dem gäb ich
Die Nadel vom Haare.

Wenn ich, du holdes
Blümchen, es wüßte,
Wer in den kühlen
Bach dich geworfen,
Wahrlich, dem gäb ich
Mein Kränzlein vom Haupte.

Und so verfolgt sie
Das eilende Sträußchen,
Sie eilet vorauf ihm,
Versucht es zu fangen:
Da fällt, ach! da fällt sie
In's kühlige Wasser.

Nach V. A. Svobodas Übersetzung
aus dem Tschechischen (1819)
»durch Umsetzung hergestellt«.
                    J. W. Goethe (1822)

Emil Juliš

Spiel um Bedeutung

und dann erkannte er, daß diese
unglückliche Landschaft; die Schrammen sind tief
und die Dürre der Waldskelette
schlägt in die Augen; Wolf und Lamm
haben hier weder Jagdgrund noch Weide; Herrscher sind
Staub, Rauch und die Fremdheit; irgendein irrer Phönix
hat hier sein Nest, seine übelberüchtigte
Brandstatt

Und doch erinnern tausend Rosen an
Schwingen der Engel. Sind das vielleicht
gefallene Engel? Törichter Flitter? Der Smog
öffnet den Weg in die Paradiese der Zukunft, auch
die künstlichen: alle Wolken sind
von ihnen gesäumt wie mit Tressen und Baldachinen –
Wir können der Hoffnung nicht entraten,
auch nicht der verzweifelnden,
auch nicht der rasenden, sonst

verlieren wir alles, aber auch alles, das Staunen
geht verloren, die Wahrheit, die uns,
und sei's für einen Augenblick, zu Salzsäulen wandelt –
    – Mein reines Lieb, komm –

Wasser weiß verfärbt

Sumpfpflanzen im Kaolingeschwemm
zärtlich in Schlangenschweigen, es herrscht das neblige Dunkel.
Was wiegt sich in mir ein? Ich kann da nicht sagen:

Gedärm – es geht um die Seele.
Wohltätig die Abwesenheit des Ufers,
auch wenn ich weiß, daß Abwesendes existiert:
Gleich hinterm Nebel blökt die freche Sirene der Züge.

Bleiben, bleiben, nicht mehr zurückkehren.
Selbst die marmornen Götter sind hier auf Erden
längst dem Femegerichte verfallen.
Der weiße Büffel stampft durch die Landschaft des Sees,
    lautlos.

Reisen

Großmutters Laken, die gestreiften, die nicht.
Wind geht, wir fahren wieder ab,
und kommen wir an, geht's auf die nächste Reise,
und so immer im Kreise herum.
Bisher sagten wir nicht, daß wir bleiben,
wir müssen den Ausbruch des Kraters nicht fürchten,
das listige Schweigen, absinkend
im Donner, in sprudelnde Lava, Wolken aus Rauch,
im Fall, freudlos, der Steine, der Asche
in die Ruinen,
da rettet sich auch die hungrige Ziege nicht, die mit den Augen,
    den grünen.
Es retten sich aber Hirte und Hirtin, sie flüchteten
    durch die geborstene
pastorale Freske – dem Hang, dem Meere zu
entschreiten sie, singend und nackt.

Herbst

Und sieh, das rosenbelebte Antlitz der Aphrodite von Tarsus,
ihr Kleid, das rotorangene, gleitet herab... Die Jugend
verliert mit der Zeit das Muster
der Schmetterlingsflügel, ihr geht das niemals verloren, nicht
in magischer Schwingung, nicht auf den öden Wegen,
öd wie eine Greisenhand; nur wenige Herzen
noch immer im Aufbruch, über dem Abgrund, sie hören nicht
den warnenden Gesang der Krähen, blicken nicht in ihre Augen.
Trauer weilt bei herbstlichen Fontänen,
Wind baut Wolkenmaschinen, erstaunlicher denn je.
Vögel sind manchmal traurig, aber sie wissen nichts davon.

Ankunft

Ich stieg herab von den Bergen
zur alten Schäferei, ohne Herde.
Gegen mich erhoben sich
die Bäume, riesig und voll vom Laub ihrer Hände.
In der Schäferei fand ich,
halb lesbar, Nachricht, in die Rinde der Birke geritzt.
Die Sintflut spülte sie her. Ich begriff...
was eigentlich? Nichts stand darin von der Arche und Noah.
Und hier gründet ich meine Heimstatt.

(Peter Demetz)

Sylva Fischerová

Lauf und bitt für mich, Schwester,
Leere
meines Bluts, letzte
Blindheit, dein Efeuleib und die Schultern im Antlitz,
entleerte Gewißheit
ohne Bestimmung, von der ich nichts weiß.

Lauf und bitt für mich, Schwester,
Deine schönen spitzigen Brüste,
Dein Schweigen und Rauchen taglang im Sessel,
Nordhimmel im Regen sind deine Augen
und eine zögernde, klare Musik
die Aura, die dich umhüllt.
Vor der
neig ich mein Antlitz.
Ende und Gegenwart bist du ohne Konturen.
Leere
meines Bluts,
Lauf und bitt für mich und frag nicht,
wenn ich hingeh zu bitten für dich.

Um genauer zu sein

Die Bäume verbergen den Schatten des Laubs
die Späne der Hände fallen ins Sägmehl
und die taube Katze
tappt über das Glas

Die Fichten pendeln
in diesem Dorfidyll
noch mehr zur Seite, als sie sollten.

Ein Windbegräbnis, blauer Katafalk,
enthüllt der Landschaft
den abgewandten Hügelhang.
Entlang der Grenze dort
wird schwarzer Speichel rinnen
mitten in die Kapelle des Walds
zwischen Kreuze Fialen das Weihwasserbecken
mit dem Blute der Hasen.

Der Landgott
zirkelt dort auf blaue Tafel
den Plan der Dinge.
Und die Gerade, in welche er die Schöpfung zwang,
um genauer zu sein
      mit seiner Hand,
rinnt die Grenze der Hügel entlang,
Felskluft, Abgrund, ein unendlich bitteres
      schwarzes Gewürz.

Mähren

Es quietscht
wie der alte Ofen, den wir
alljährlich
mit unserer Mutter
noch einmal in die Mauer kitten: meine prächtigen
verheirateten Freunde,
der prächtige Junge, der mich nicht will,
die schönen Freundinnen,
      die mich noch immer
      zu besänftigen wissen.

Wenn ich über den leeren Quai spazierengehe
oder inmitten

dèr grünen Endlosigkeit der Spiegel
im Café Repre sitze, so bin ich
mitten darin, wenn ich durch Košíř gehe
            über die Krautköpfe
    und mir zwei Pistolen fehlen
    und manche Gedichte
    und Bier, es quietscht,

es quietscht, wenn der Wind
    in der Gasse die Lampen bewegt,
    und an den Häusern in den
    schaukelnden Schatten, da bin ich

mitten darin, und es quietscht
    zwischen den Krautköpfen,
    aus den zerschossenen Blättern
rinnen rote Tränen
und begraben Mähren
    im Nachtzug, in den Farben der Vokale,
    und im Teller voll
    von süßem Kraut.

Die Poesie

Die Poesie braucht niemanden
und die Liebe die ist ohne Ende
        wenn sie erstarrt und sich nicht wandelt
        können wir fortgehen
aber wie du zuweilen dein Haar hinter die Ohren
    zurückschlugst
                als wir schliefen beisammen
            das war die schönste Geste die ich kannte

Die Poesie braucht niemanden
aber das geht wirklich nicht
    so zu leben außer uns selbst
    allein durch sich selbst
    ganz allein für sich selbst

Die Kirsche die am Aste blüht
hängt eher noch vom Walfisch ab
    als die Poesie von uns
und der Balkon hat größeren Einfluß
darauf, wie die Schwänze der Rosse wachsen
    als wir auf die Poesie
        vielleicht

Die chinesischen Könige ließen immer den
    einen Palastflügel halbgebaut
und die Poesie kommt und geht
je nach dem Zustand der Feuer
und der Nachtvögel in den großen Vorstädten
je wie man Blumen hinstreut
dank einer Zigarette entzündet in der Tram
dank der abgeschnittenen Zöpfe
    die ihr zum Strickzeug legt

Poesie
aber die Liebe wird in uns sein oder nirgends

                        (Peter Demetz)

Keine Männer

Die Frauen waren abgedunkelt
wie die Zungen in kochendem Wein

irgendwo hackte ein Beil Kleinholz
                           am morgen einen Hahn suchen
                                    zählt wenig
                      sogar die Katzen waren diese Nacht
                                    am Friedhof
Und die Frauen tranken begierig
                        als schliefen da in dem Wein
                           langhaarige junge Männer
              langhaarige junge Männer die erst am Gaumen
                                  lebendig werden
Wirklich sagte die eine
wie im Krieg

                                     keine Männer
                             Und sie blickten sich um
                                   und lachten
                      Ja na klar Krieg ist schrien sie
                                 es muß Krieg sein
                          sonst würden sie doch kommen
sonst würden sie kommen

                                            (Peter Sacher)

Jana Štroblová

Ich bleib nicht mehr lang in diesen Alleen

Heut sind die Bäume
verwitterte Säulen,
im Mörtel der Blätter der Regen in Böen.
Du glaubst mir noch? Tu's nicht, Du Dummer.
Mich langweiln sie schon,
diese Alleen.

Der liebe Herbst
will seinen Leierkasten spielen
am Zaun, wo Regengüsse erstes Gold verschlingen.
So viele Herzen hat in unserem Garten die Linde
und schenkt sie doch alle
willig dem Winde.

Er nimmt sie gierig,
mischt manche mit Kot,
wirft andre fauchend her und hin.
Es ist nur menschlich! Furchtbarer Stolz!
Ich singe nur,
mißachte ihn.

Zur Linde kehrt er dann zurück.
Streicht zärtlich über ihre Rippen,
einer, der Licht über die mageren Stämme bringt.
Ein Tor, der martert. Ein Sänger, bettelnd.
Ein Bettler, welcher den Wunden
Linderung singt.

Langweilig sind sie schon,
die alten Bäume, Reihe und Glied.
Wie sie ihr Laub fortwährend über Wege drehn.
Lach nicht, Du Dummer! Glaubst Du mir noch immer?
Ich bleib nicht mehr lang
in diesen Alleen.

Requiem

Nur die Stille über uns
währt. Wie Orgelorkan
die Windsbraut im Röhricht, die Schleuse der Gräser.
          Wieder. Du.
Zerscherbt das Bild, sie lügten uns an.
Der Baum fiel heraus, ein Händedruck und die Umarmung,
die eignen Gebeine sammeln wir jetzt
aus dem Aushub. Von neuem
stolpern wir über das Zeichen des Schweigens.
Die Zeit des Mammuts, sie kommt noch.
Die Zeit der Wölfe, sie kommt noch.

Und wo sind die Zeiten der grunelnden Ruten,
des Himmels, der Wiesen und unsrer Ferien?
Zerborsten mit dem Bild, und nichts aus der Asche?
Die schwarze Messe beginnt, und an den Altären (den leeren)
trinken wir Blut, essen Leiber, wir – Heiden, Christen?

Die Wölfe lecken ihre Wunden; von der Szene, warum
gehst Du so traurig, in lautloser Wut?
Soviel Blut überall, ganz ohne Bedeutung
die Schuldschrift, unterzeichnet mit Blut.
Der blutige Kontrakt…

Ehe ich hübsch bin

Schau,
ein warmer Regen fällt herab
und regnet wie aus einer Wunde. Flicht dem Baum
        die Zweige nicht,
schon stellen andre Frauen dort die Krüge ab,
das Regenwasser, sagt man, macht die Haut ganz sanft –

Ja,
Lieber,
ich kauf mir einen Krug.
Hier werden wir ganz unnütz naß. Hübsch, wenn ich den Ton
mit meinem nassen Ellbogen berühre.
Zum Leben müßten wir ein Zimmer haben und ein Fenster,
damit der Regen nicht in den Krug und unsre Hände fiele,
und nicht nur so...

Heut wohnt ja jeder irgendwie. Wart noch
        mit unsrem Rendezvous –
Ich bin so traurig in der kahlen Stub.
Ich kauf uns eine Lampe, und die löschen wir dann aus,
        und ein zwei Stühle,
daraus erheben sich die Leute,
und du, du darfst mich küssen, wenn du dann noch willst.
Das will ich alles tun, noch heute.
Dann stirbt die Eile, und ich bin ganz froh,
daß sie mich nicht in sich begrub.

Ja, ein Krug muß her,
und eh ich hübsch bin, viele Sachen,
eh du mich findst. Noch eine Vase, Stühle, Salz
gegen den Tod. Und etwas gegen die Zeit.
Hilft Salz? Wenn nicht... Ich habe Angst, lauf in Gefahr,
was wenn sie merken,

daß ich nicht nordisch bin, schwarz ist mein Haar.
Das alles wird geschehen,
eh wir ergrauen

jetzt hab ich alle Hände voll zu tun, daß ich noch
        morgen lebe, besser noch als gut

Du sagst:
Im blauen Umschlag liegt das Geld bereit.
Kauf halt die Lampe. Und das Salz. Zur Liebe,
        Liebling, fehlt uns Zeit.
Auf nächsten Sonntag also, nach dem nächsten Krieg.

Oder
sag:
Na und, und wenn du all das kaufst?
Der Baum ist eine Eiche. Du die Frau. Es regnet.
        Rund die Welt.
Der Regen, schau nur, wie er komisch fällt.
Du bist sehr hübsch, du Nasse.
Ich lieb dich sehr.
Ja, echt.
Mehr als das Salz? Und du?
Und wenn du all das hättest. Dach, Stuhl, Tasse,
wie dir die Leute raten... Sage nein. Fürcht ihren Rat.

Bleib eine Weile hier,
dann ist es mit dem großen Kriege aus. – Vielleicht
        hat jeder
nur die eine Weile, froh zu sein.

                                            (Peter Demetz)

Svatava Antošová

Nachtschicht

Ich zeichne auf was ich beobachtet und empfunden habe
in dieser Nacht
in dieser rohen Nacht zum Ersticken
in dieser Nacht deren bloße Existenz schwach macht und tötet
Es ist Viertel nach zehn
Wir fangen an
Vor meinen Augen wickelt sich ein wildes Schauspiel ab
das sich kein proletarischer Dichter je hätte träumen lassen
Die alte sentimentalische Luna bricht durchs Dach herein sie ist
    total besoffen
sie sucht nach keiner Dichterseele mehr

ihr genügen die paar halbnackten Fettsäcke
die nach Suff und heißem Galeerenschweiß stinken
die läßt sie überall wie auch immer drüber
Gewalt törnt sie mächtig an
dafür kann sie Musen den Tod nicht leiden
die knallt sie nieder wo sie sie auch trifft
oder denunziert sie wenigstens
Am liebsten täte sie ihnen die Haut abziehen
so wie dir auch
Wenn du aber mit ihr die letzte Pulle Bier teilst
taut sie auf
rührt dich an mit einer ihrer alten abgefuckten Metaphern
und verzieht sich wieder um woanders einen Schluck
    zu schnorren
Du blickst ihr nach
wie sie mit ihrem himmlischen Arsch wackelt
und da fällt dir ein
daß es wohl ganz einfach wär mit der zu pennen

Vorstellungen von etwas Höherem und Schönerem haben dich
  längst verlassen
die Realität eines Akkordarbeiters
der ordentlich einen heben muß um es bis zum Morgen
  überhaupt nur auszuhalten
ist viel zu konkret
und diese Nutte hat ja doch noch was von staubiger Romantik
  an sich
Nur
bevor du auf erotischen Liebhaber umschaltest
schleppen sie vier schwarze Brenner hinter den Tunnelofen
wo sie ihnen
fasziniert von ihrer Ähnlichkeit mit mittelalterlichen
  Folterknechten
für ein Glas eingeflößten Schnaps gestattet
nacheinander in die gleiche Kerbe zu hauen
Vielleicht werden sie sie dann als Hexe verbrennen
und irgendein neuzeitlicher Rhapsode wird fasziniert von ihrer
  Story
eine rührselige Ballade über sie schreiben
und sie besingen als eine Jeanne d'Arc oder als…
Zum Teufel mit der Historie!
Du hast 'n Bock auf 'ne Frau und hast 'n Zorn
also gehst dir eine beschwipste Siebenjährige suchen
die es hier nach dem Gesetz gar nicht geben dürfte
aber bestimmt
bestimmt gibt es hier irgendwo
Überall Mädels in Overalls mit billigen Zigaretten zwischen
  den Fingern
sie mischen warmen Rum mit unverdünnter Säure
und zwingen hagere Vietnamesen diesen Mix zu trinken
Zigeuner grölen slowakische Schlager und trainieren Karate an
  fertigen Produkten
die ehemalige Absteigmieze des alternden Werkmeisters bietet
  dir einen Wodka an

Dir bleibt nichts anderes übrig als dich höflichst zu bedanken
und dich ihrer Panzerumarmung zu entziehen
Die schöne Huyen blaß und geschwächt von zwei
    Abtreibungen lächelt dich bewundernd an
leider ist die aber nicht diejenige welche
du suchst
du gehst in den Sortiersaal um dort nach ein paar geilen Titten
    zu sehen
aber dort hängen schon seit Abend diese Typen von der
    Wartung rum mit einem Transistor und einer Flasche
    Slivowitz
kein Erfolg
Du kehrst zurück zu deiner Maschine
Starkbier und geräucherter Speck sprengen dir den Schädel
Du bringst das Zeug wieder auf Touren
alles um dich läßt dich kalt du lebst nur von dem Gedanken an
    dein Gedicht
welches hätte entstehen können wäre jene Schlampe nicht
    gewesen
Eigentlich hast du die ganze Nacht nur danach gesucht nur
    darauf gewartet nur davon geträumt
und hast dir wieder jugendliche Illusionen gemacht
Jetzt wirst du wieder langsam nüchtern
du zitterst vor Kälte und verlierst dich im Lärm und Staub der
    genialen Maschine
die dein Schicksal bestimmt

Und plötzlich ist wieder jene da
und sie redet ganz schön wirr während sie dich anplärrt:
Du schuldest mir ein Pferd mein strammer Reiter
dieses Pferd
das du abgemurkst und gefressen hast!

Sie nennen mich Poesie

und denken mir Beine aus
wie sie vor Geilheit lachen
dort
jenseits der verbrannten Büsche am Wüstenrand
wo die Hyänen und die Sterne heulen
wo vergiftete Brunnen dümpfeln und wo Aussätzige streunen
monströse tote Seelen eifern über die eigene Rückkehr
ins Schattenreich
es gibt aber auch noch andere Länder
mit Edelmetall und giftigem Kraut
oder auch Länder aus Eis
wohin ich aufbreche mit bunten Bändern behangen
wohin ich auf improvisierten Skiern flitze
in Begleitung betender Beduinen Senegalesen und Mauren
sie alle werden untergehen
eine einzige magische Schneevigilie wird die alten Horizonte
    unter sich begraben
degenerierte Völker werden vor mir auf die Knie fallen
und...
ach ja
sie werden mich auch in dieser lächerlichen
    Fastnachtsverkleidung verehren
meine Rede zu ihnen – ein bloßes Hirngespenst
und statt der hingeworfenen Münzen Asche für die Toten
nichts werden sie begreifen
auch wenn ich ihnen die Geheimnisse der Alchimie eröffne
oder die Gipfel von Tibet besteige
stets die gleichen beschränkten Krämerseelen mit ihrer
    historischen Borniertheit
mit ihren Aberglauben schlingenden Frauen
Wuchererherzen wildern in meinen kosmischen Gärten
von wo sich die blaugrauen Vögel der Worte flügellos
in Sicherheit bringen

ich halte sie versteckt
samt ihrer Brut die gerade erst geboren ist im Zwielicht eines
    der flammenden Monde
wehrlose Äffchen auf der Flucht vor Vivisektion
Meerschweinchen mit eingeimpfter Seuche
laßt uns fliehen
meine teuren wunderbaren zerbrechlichen Kinder der
    Intelligenz und der Liebe
immer ist einer in der Nähe
der Jagd auf uns macht
im Indischen Ozean ging ein Ferienschiff mit Studenten unter
kein einziger konnte sich retten
die Haie machten das Meer frei von ihren Leichen
das Wasser hat sich längst beruhigt
auf meinem Kap haben die Glocken den Mittag eingeläutet
der Albatros mit dem Schleier aus weißen Rosen bringt eine
    frohe Botschaft
doch sind es wieder nur meine Beine
in der Einbildung von blinden Begierden umzingelt
meine Beine – der Sand der Sahara sticht in die Sohlen
wieder meine Beine lächelnd über den Morgen über die
    Dämmerung
meine Beine lächelnd über alles
das im Dunkel daherkommt.

                                        (Peter Sacher)

Eva Bernardinová

Mein Name verschwand aus deinem Mund

Das war ja zu erwarten
Da ist die Arbeit und die Kinder
Ich hab keine Zeit

Und ich kauf mir neue Schuhe für das Pferderennen
Aber den Graben mit dem Seifenschaum
den kann ich nicht selbst überspringen

Das gemeinsame Konto

Ich nehm sie durch die Wohnung wie ein Reiseführer
diese Wände hat er gemalt
dieses Holz mit Lack überzogen
das hier verglast und eingerahmt

Kind Du weißt ja gar nicht was du da erspart hast

(– wie oft wird er dir noch –
wenn Du nur anstatt zu –
– nicht einmal das gönnst du mir –)

und ich möchte sagen »ich breite mein Haar aus«
damit er die Worte trinkt in der Zeit die stillsteht

Aber wir haben zwei Wecker und zwei Armbanduhren

Und da wir schon soviel ersparten
ist das Schweigen das schnellste

Dein Gesicht

Dein Gesicht
dein Schmirgelgesicht
schürft an meinem Gesicht
Feuer im Busch

Dein Hunger
meine Kühle
vielleicht
ja möglich vielleicht
wer weiß

Kleine Worte aus Gängelband
berührten die Liebe
es spuckt der Herbst ins Gebüsch

(Peter Demetz)

Ivan Diviš

Die Königin Schubat

Ich bin die Prinzessin und die Königin Schubat:
Sie parfümierten mich, massierten mich mit Öl,
dann ging ich zum König hinein. Ungeduldig
war seine Hand schon ausgestreckt, und drin
   in einem rosa Rand
die violette Eichel. Und mit ihm hab ich's gemacht –
mit ihm habe ich's gemacht, zum Überdruß
und auch mit seinen Brüdern, das nimmt man nicht genau,
dreimal am Tag hielt ich sie den dreien hin,
die schwarze, schnelle, engumschließende.
Ich hatte ein Korsett mit kleinen goldenen Platten,
Sandalen aus Feuer,
durchsichtige Röcke, Berge von Wäsche,
und ich war wählerisch bei Tisch.
Die Gärten unten leuchteten und weißes Dammwild weidete,
und zwanzigtausend Dattelpalmen gediehn um den Palast
und über allem hielt ich meine Krone
gesteckt auf die Perücke, rundum drei Schnüre
aus blauem Lazurit, aus rotem Karneol –
goldene Ringe darauf, goldene Blätter der Buchen,
goldenes Weidenlaub, goldene Blüten, und über die Frisur
ragte mein Kamm, fünfzackig, und verziert
   mit bläulichem Email.
Die Schläfen schmückten sie mit goldenen Spiralen.
Da, wie schritt ich dahin!
Und wenn ich durch die Tempelhalle ging, wie ging da Eine!
Und eines Tages begann ich abzumagern.
Kaum war ein Monat fort, da war mein Maul voll Sand.
Sie senkten mich ins Grab, mitsamt der Krone auf dem Kopf,
Mit mir

die Wache, die sie töteten,
durchbohrten mit Spießen
auch meine Kutscher, Knechte und die Kammerzofen –
jetzt findet man verstreut in Knochenwirbel eine Spange
    zuzeiten
einen Helm
eine Perücke, Haarlocken.
Wir haben alle Sand im Maul.
So hab ich alles erlebt:
ich, die Königin Schubat.

Was meine Augen sehen mußten

Meine Augen mußten sehen wie die farbigen Strähnen
    des Garns
durch die Finger der Gottheit glitten, den Mund
wie er lächelt dabei,
meine Augen mußten den Parvenu den Bolschewiken sehen
wie er sich langsam und sicher in unserer Villa in Přelouč
    spreizt
und immer frecher durch die Lippen zischt:
    immer mit der Ruhe,
ihr Nichtse –
Meine Augen mußten sehen wie meine Mutter
    ins Kinderzimmer trat
mit Tränen im Blick und auf den Lippen die Worte:
Jungs, aufstehn! Die Deutschen sind da!
    Meine Augen mußten sehen
wie meine magern Füße in die Turnschuh fuhren
und ich von oben in die Gasse blickte
wie im Gestöber des Schnees im März die unbekannten Wesen
    auf Motorrädern stinkend
dahinklapperten und meine Augen, die innern, mußten sehen
wie mich ein jähes Mitleid mit ihnen anfaßt

Meine Augen mußten in Pankrác die Einlieferungshalle sehen
Häftlinge im Pferdetrab, auf der Stelle,
    mit umgestülpten Handschuhn
Ohrfeigen, im Fleisch meiner Wange, die lang nichts begriff
Meine Augen mußten sehen wie der Hubertusmantel
    General Homolkas flattert
und er mich darin auffängt als mich ein Tritt in Zelle 83
    befördert
Meine Augen mußten die Deutschen sehen,
    mit Pech übergossen, in der Italienischen Gasse
die man über die Köpfe schlug mit Latten oben mit Nägeln
eine verkohlte Leiche auf dem Wenzelsplatz
    auf den Schienen der Trambahn
Meine Augen mußten die Dächer der Fabrikhallen sehen
wo ich sinnlos Maschinenteile fräste
Meine Augen mußten sehen wie sich mein Leben
    seit meiner Jugend abspult
zerklatscht und schon von vornherein zerstört
Meine Augen mußten meine Ahnung sehen ohne zu wissen
Meine Augen mußten die Tribüne sehen, aus Brettern
    zusammengeflickt
dort standen Gottwald und General Lomský
Meine Augen, die innern, durften meine Frau nicht sehen
    die erste nicht
und nicht die zweite die sich irgendwo bewegten
Meine Augen mußten nur die Offiziersweiber sehen
die dachten an nichts an gar nichts nur an das Ficken
und die zweite die gerade zur Welt kam
als man Milada Horáková henkte und Záviš Kalandra

Meine Augen, die äußern, mußten den vierten
Greis im aeschylaischen Chorus der Oresteia sehen
wie er auf die Szene tritt und erstickt ausruft
– wenn doch die Menschen nicht überallher
    von den Göttern bedrängt wären –

das Herz liefe dem Munde voran und schrie alles heraus!
Meine Augen, die äußern, mußten meinen Vater sehen
wie er starb am Grawitz'schen Tumor in der Divišklinik
und mich selbst wie ich mich beuge zu ihm und ihm
    den Ring küsse
seine Lider bewegten sich schwer nach der Morphiumspritze
Meine Augen mußten mich selber sehen wie ich die Klinik
    verließ
und mich am Karlsplatz am Ende des Parkes befand
    unter dem Denkmal des Botanikers Roezl
und wie der Tod von hinten an mich herantritt und mich
    mit einem nassen Leinentuch umarmt
Meine Augen, die innern, mußten Zeugnis ablegen und sehen
wie der Mensch nur heranreift wenn er das Sterben andrer
    begreift
und wie das alles unendlich langsam vor sich geht
und wie alles selbst das Schrecklichste
von immer andern Nichtigkeiten die uns sicher einholen
davongeweht wird vom Wind emporgehoben und wie Papier
    durch staubige Straßen gewirbelt
Meine Augen mußten den Film meines leeren Lebenslaufs
    sehen
und den Stern fünfzackig gesetzt anstelle der Krone
auf das herrliche Haupt des silbernen böhmischen Löwen
und wie sie den verhurten Löwen noch in den Kreis
    hussitischer Feldzeichen setzen
Meine Augen mußten sehen wie ich in die Aktentasche mir
einen grünen Apfel ein Stilett und das Evangelium warf
und wie auf dem Flugplatz von Kbely jede Minute
    eine Antonov landet
Meine Augen, die innern, mußten meine erste Frau
    sterben sehen
irgendwo fern in einer Klinik und ihren Zustand erkennen
Meine Augen mußten Florenz sehen und sie haben die Stadt
    gesehn die Kuppel des Brunneleschi

Meine Augen mußten New York sehen und
   wie ein schwarzer Narr
mir entgegenrennt auf Rollschuhn und auf den Risten
die silbernen Flügel des Gottes Mars aus Pappe
Meine Augen wandten sich eine Sekunde zurück und sahen
     die Kremation meines Freundes F. Tichý
meine Augen mußten endlose Gänge sehen und wie in einem
sich F. an den Bauch greift und sagt hier im Bauch
   im Flugzeug
hatte ich plötzliche Krämpfe und dann mußten
meine Augen nur mehr seine Parte sehen –
und meine Augen mußten dann den Partezettel meiner Mutter
   sehen
und wie man mich in der Nachricht von ihrem Tod nicht als
   Erstgeborenen nannte
meine Augen mußten die Fäuste meines Erstgebornen
   sehen
wie er sie mir ins Gesicht schlug wie damals in Pankrác
meine Augen mußten Freundschaften sehen
   jahrzehntelange
genietet mit legiertem Stahl wie sie in Staub zerfielen
sobald ihnen das Grau der Schläfen widersprach
meine Augen mußten sehen wie sie mir mit den Händen
   vor dem Gesicht herumficht
und wie sie tobend schreit und schreit
Bist schon tot! Bist schon längst gestorben!
Du bist schon tot!
Aber meine Augen mußten auch sehen daß Poesie existiert
absolut unzerstörbar wie sie das alles hier mit ihrem Mantel
   bedeckt
und dort ein kleines Gewebe entfaltet
aus dem man frische herrliche Fahnen Flaggen
   und Hochzeitsgewänder schneidet
meine Augen, die innern, mußten mich selbst beim Aufwachen
   sehen

und ich höre deutlich die Worte:
»Beginn diesen Tag mit dem Gebrüll des Löwen«.

(Peter Demetz)

Přelouč: Ort in der Nähe Prags
Pankrác: Berüchtigtes Prager Gefängnis
Tribüne (etc): Kundgebung der KP anläßlich der Machtübernahme (1948)
Milada Horáková / Záviš Kalandra: Opfer der Schauprozesse in den frühen
Fünfzigerjahren
Kbely / Antonov: Hinweis auf die Ankunft der sowjetischen Luftlande-
truppen (1968)
Parte: Todesanzeige

Bohumila Grögerová/Josef Hiršal

Die Mühle
[Auszüge]

das wort, das mir einfällt, ist nicht so wichtig wie die perspektive,
die es zu eröffnen vermag

Es war August, Erntezeit; im Brunnen unter dem Abhang
spiegelte sich ein braungebrannter Kopf. Eine Hand und ein
Tonkrug. Die Wasseroberfläche wellt sich, sie wellt sich, und
verborgen in den Blumen quakt links ein Frosch. Ein brauner
Krug mit weißem Rand, angelaufen und matt vor Kühle, Tau-
tropfen rinnen über die lieblichen Rundungen. Es war Au-
gust, Erntezeit. Ach, wie oft ist seither das Wasser im Brunnen
durch den Herbst trüb, wie oft durch hereingefallene Erde
und Laub braun geworden, wie oft sind an seinem Rand Dot-
terblumen, Vergißmeinnicht und Schilf verwelkt! – Und auch
der Krug ist – obwohl kaum sichtbar – gealtert. Bei einem
Stolpern hat er einen Henkel verloren, bei einem Fall ein Stück
weißglasierten Rand. Und dann ist er vom Müllhaufen in
einen Zigeunerwagen umgezogen. An jenem Nachmittag hat
er gehörig nach Rum gerochen. Serinek und Růžička waren
maßlos im Saufen. Und Jiříček goß nach, bis man aus der
Westentasche einen letzten Zehnkronenschein zog, von dem
ein violettes Mädchengesicht ein bißchen verwirrt in die Welt
schaute. Es gab viel Geschrei und Gebrüll, bevor man zu den
Messern griff. Mehrere Male flog der Krug wie eine Kanonen-
kugel vom Wagen zum Ausschank und vom Ausschank wie-
der zum Wagen. Der Lärm schwoll langsam an, vom Geflü-
ster zum Gespräch, vom Gespräch zum Geschrei, vom
Geschrei zum Gebrüll – und dann prügelten Francl und Lájoš
aufeinander ein. Ein unverständlicher Streit in einer unver-
ständlichen Sprache, nur die Wut knurrte aus diesen Stimmen,
nur die blaue Scheide blitzte vor Entsetzen. Der henkellose

Krug jedoch stand auf dem Tischchen, taub und teilnahmslos wie ein Trottel, und seine Kehle roch nach Rum. Aber noch bevor von Lájoš' Backe das Blut zu rinnen begann, drehte Rosa sich um, packte den Krug, und war weg. Und sie raste zum Altgesellen Lojza ins Mühlhaus, damit er dem Rest des Gesöffs, das am Boden noch übriggeblieben war, den Garaus mache. Und der lachte lauf auf, leerte den Krug in einem Zug, wischte sich den Schnurrbart ab und warf diese Scherbe in die Ecke zu den Mäusen, den Spinnen und Kakerlaken. Und dann dort im Dunkel auf den Kleiesäcken... Danach wurde hier nur noch aus den bloßen Händen getrunken.

was man sagen kann, kann man auch schreiben; was man schreiben kann, ist nur ein splitter dessen, was ist

beschreibung – versteinerung
der regenvorhang wird dichter; dank der tropfenmusik erholst du dich; brichst auf, um regenwasser aufzufangen; das regenwasser der kindheit; dämmert es? tagt es?

die offensten formen leben am längsten; der text wird von der freiheit der ausdrucksformen beherrscht, die spannung darin entsteht oft gerade in dem maße, wie prägnant, originell und unerwartet die form beeinträchtigt wird

Tief in der Vergangenheit, weit in der Zukunft – Regen. Jetzt, jetzt, jetzt, jetzt, jetztjetztjetztjetzt. Kein Platzregen, kein Nieseln, Tropfen um Tropfen scheint er gleichsam durch seine Größe, die Geschwindigkeit seines Falls auch zu unserer gemäßigten Zone zu gehören. Welch eine Herrlichkeit, so viel Wasser in dieser zerfallenen Welt, wo es keine Feuchtigkeit gibt, wo sich in der Ferne nur das trübe Dreckwasser wälzt, wo es, rostig und grünlich, versiegt, tief auf dem Grund des Brunnens, der schon eher einer vergessenen Grube gleicht, wo sie dürsten, dürsten, dürsten, die Kehlen dieser beiden hinterbliebenen, gekrümmten, buckligen, gebrochenen Leute, der rachitischen Hunde, des verkrüppelten Geflügels, und dann diese getretenen, aussätzigen Widder, Ziegen, Schweine und Kaninchen! Jetzt, jetzt, jetzt,

jetzt, jetztjetztjetztjetzt. Regen. Kanne, Kübel, Bottiche, Becken
– wir fangen das Wasser unterm Abflußrohr auf, wir fangen es
auf, kochen es ab, werden es trinken und uns selbst wie auch
unsere Wäsche waschen. Bestimmt gähnen hier irgendwo gierig
auch Rattenrachen zum Himmel. Schnäbel, Schnauzen, Rüssel,
Mäuler. Kanne, Kübel, Bottiche, Becken – tropf, tropf, tropf un-
term Abflußrohr. Doch wie es so trommelt, wie es so über die
vermoderten Schindeln, übers uralte Dach rinnt, ist es wieder
nur trübes Dreckwasser, nichts als Ruß, Splitt und Schutt. Und
es setzt sich nicht. Löst sich eher auf. Wieder nur ein weiterer
Rückstand. Und nur das, was in die Haut dringt, nur das, was die
Handfläche faßt, wenn in deinen Haaren, auf den Lidern, den
Wimpern haftet, was naß auf deinen Schultern und deinem Kra-
gen glänzt, womit du deine Zungenspitze netzen kannst. Jetzt,
jetzt, jetzt, jetzt, jetztjetztjetztjetzt. Es regnet. Regnet. Die Wol-
ken qualmen, die Blätter beben, die Schindeln klingen. Es regnet.
Regnet.

(Susanna Roth)

Ludvík Kundera

Gesteinsvariationen
Für Jaroslav Seifert

Zärtlich mit Kieseln
Geworfen den Stein
Die Blöcke im Wege
Gefels macht dich stumm

Aufschütten mit Schotter
Zuwerfen mit Erde
Streifst durch den Sand
Im Staube erstickst Du

Mit Marmor für ewig
Mit Schiefer zuzeiten
Granit für den Grund nur
Sandstein für das Standbild

Durchs Standbild zu Gesten
Durch Geste zu Stein
Durch Steine zu Brocken
Durch Brocken zum Fels

Den Fels zu Gebirge
Gebirg zu Gewölk
Gewölk zu den Kieseln
und all das *da capo*

Zum neuen Jahr

Voran. Entgegengehn.
Er geht. Einer als wären es alle.
        Wohin? Wozu? Zu wem?
Er duzt den morgigen Tag.
Als dritte Person: die kommende Nacht.
Sagt »Sie« nur zu sich selber.
        Wer?
Einer. Als wären es alle.
Das Ziel.
Auf Gnade Ungnade. Hingegen.
Das Ziel. Die Richtung.
Ungeachtet. Zu. Gegen.
Das Ziel, die Richtung. Die Sehnsucht.
Angesichts. Danke.
Ziel. Richtung. Sehnsucht. Traum.
Voran. Entgegengehn.
Er hielt die Wange hin.
        Warum?
Er schlug ins Gesicht.
        Warum?
Schlug ins Gesicht: dem Entstellten, dem Schäbigen allem.
Hielt die Wange hin: dem Errötenden, dem Widerborstigen
    allem.
Den Straßen, Winden, Dörfern, Ebenen, Weilern, dem Dunkel,
    den Wäldern,
Den Hügeln, Städten, Wegen, Pfaden, Häusern, Bäumen,
    dem Donner, der Sonne,
Dem Regen, Winde, Gewölbten, Schluchzen, Gestöber,
    der Hoffnung, der Stille, dem Lachen,
Den Horizonten, Tagen.
Unendlich wieder
    dieser Strom der Dative.

Dreimal den Schlüssel gedreht

Der Fall der Dinge
Zwischen den Sätzen
Staub eine Handvoll

Was dauert?
Dreimal den Schlüssel gedreht
        das Gedicht
die sieben Fälle dekliniert
in den Sätzen
ein Ätna

Schon wälzt sich das Magma
Vor ihm auf Meilen
wird sich entzünden
das Gras

(Peter Demetz)

Jan Skácel

Kurze Beschreibung eines Sommers

Brände   Der Sommer loht vierfach von allen Seiten

Die Akazienhaine stehn in betäubender Blüte
in den Rebbergen glimmt die grüne Seele des Weins
der wilde Mohn verblutet im Korn

Es kommt die Dämmernis
und über die silberne Brücke schreitet der Mond

Die Welt ist wie ein Brotlaib frisch aus dem Ofen
und die Nacht tut sich gütlich daran

Ein Wind mit Namen Jaromír

Dereinst
gehen wir zusammen fort, wie wir es einander
          damals
beim Löwenzahn, unter den gelben Birken
          einer Amsel, versprochen haben.

Wir lassen die braven Frauen zuhaus,
wir werden die Verse fischen,
die der Fluß zum Fluchen braucht, wenn er
          nächtens
über all die Steine stolpert.

Doch womöglich fangen wir nichts
          in jener Nacht,
und bloß Wassertropfen werden

in die Wiese fallen –
wie die Tränen der Prinzeßchen,
welche barfuß aus dem Walde traten.

Und womöglich fragt dich jemand
          auf der Straße:
Meister, wann schreiben Sie, brandneu,
          das nächste Buch?
Und du antwortest ihnen:
          Erst nach dem Regen,
erst dann, wenn der Straßenkot schön weich ist.

Und womöglich wird der Himmel
          sich ganz ungestüm erbarmen,
und es regnet uns ins Gedicht, und es flutet uns
          in die Schuhe,
und die Wolken, kaltblütig
          wie gesprenkelte Forellen,
huschen über uns hinweg.

Und der Wind bekommt den Namen Jaromír.
Und durch das entfesselte Wasser
          kehren wir heim.

                                        (Felix Philipp Ingold)

Trauern

Drei große trauern gibt's auf dieser welt
drei trauern groß und niemand weiß
wie diesen großen trauern aus dem weg gehn

Die erste trauer Ich weiß nicht wo ich sterben werde
Die zweite trauer Ich weiß nicht wann das sein wird
Und die letzte Ich weiß nicht wo ich mich in jener welt
befinden werde

So hörte ich's im lied Lassen wir es so
lassen wir es wie das lied es singt Haben wir den mut
nach der angst zu fassen wie nach einer klinke und
einzutreten

Aufbetten

Immer wenn du abends aufbettest
stehe ich schweigsam am fußende des betts
und frage mich im geist wer einmal uns beiden
das letzte bett richten wird

jenes ganz aus erde wir haben ein anrecht darauf
erworben durchs leben und keine menschliche lüge
kann es uns nehmen das sag ich mir im stillen
und lehne mich still ans bettgestell

Böhmisches Herbstlied

Den toten betten sie die betten um
und zu den köpfen legen sie blumen
Was aber zu den füßen legen
wenn schuhe vergebens sind

Was sollten sie mit schuhen

Erwachen

Mit einem kleinen bluterguß in der stimme sagt er
guten tag
und weiß nicht
wie er im traum den er am morgen vergaß
zu dem kleinen blauen fleck kam

Er weiß nicht mehr daß er nachts die augen zugebunden
und ganz im dunkeln
blindekuh spielte
mit dem tod

Und das ist nur erlaubt mit kindern

Wo wir zu Hause Salz haben

Lange war ich nicht zu haus.
Die mutter,
mit schuldbewußten augen,
begrüßt mich in der tür.
Der vater schloß das buch,
das schmal war wie die zeit,
die bis zum abend übrigblieb.

Sie setzten mich hinter den alten vertrauten tisch,
schenkten himbeerwein ein.
Die linden sahen es.
Ich verneigte mich betrunken
vor dem offenen fenster.

Knospe, knöspchen, sag,
ist das denn möglich,

von einem bißchen wie für einen jungen
und noch dazu aus himbeeren?

Dummkopf,
fingergroß von der erde,
so klein bist du zu haus,
duftete direkt ins ohr die rose.

Und auf einmal entsann ich mich,
wo wir zu hause salz haben.

Der Weg zu uns

Es ist so leicht, den weg zu uns zu finden...

Am bache entlang
auf dem ein federchen schwimmt,
über die kleine mauer klettern,
abkürzen über die tenne,
auf dem steg verweilen,
im rauschen des wehrs
wörtchen suchen, passend für den schaum,
sie wieder wegwerfen
und gehen,
gehen,
sich für den weg einen stock abschneiden,
die steine zusammenzählen,
sich verirren im wald,
die finsternis wie eine volle fuhre heu
vor sich hinschieben
und statt der achsen
im traum die vögel stöhnen hören.

Es ist so leicht, den weg zu uns zu finden.

Das Begräbnis des K.

Ein wenig bin ich mir dessen fast sicher
daß wir ihn schön bereden werden
auf dem heimweg von seiner beerdigung
weil es sich so gehört
und weil wir nur menschen sind

Wir werden sagen ganz so schlimm war er nicht
so viele dinge quälten ihn auf dieser welt
sogar das gewissen
er arbeitete nachts und es graute ihm vor dem tag
und habt ihr gesehn
wie vom gesicht ihm schlangen krochen

Selbstverständlich werden wir das alles leise sagen
sehr leise
denn auf einem solchen begräbnis ihr wißt doch
da weiß man nie
selbst daß er eine gute mutter hatte
und begabte kinder
wir werden diese worte wägen
aber keine ruhe wird's uns geben
und wir werden ihn schön bereden
zwischen krematorium und straßenbahn

Überhaupt hatte er's nicht leicht der arme kerl
werden wir sagen
er wußte alles über uns
und dachte immer daß er's für die menschheit tut
habt ihr bemerkt
daß er als er so im sarg lag
an einen defekten röntgenapparat erinnerte

Das werden wir einander nur noch flüsternd sagen
und wieder und wieder werden wir uns umblicken
Jeder muß einmal dorthin werden wir sagen
der eine früher der andere später
er hatte keinen leichten tod ihr wißt doch so viele augen
was das für arbeit gibt so viele augen zu schließen
und jedes von anderer art…

(In diesem augenblick wird sich das kleine pendel
unserer eigenen furcht
schneller bewegen
wir werden einen schritt zulegen
da – schon haben uns die traurigen hinterbliebenen eingeholt
gekleidet in purpur
wir werden den hut lüften und worte des beileids murmeln
über tote nur gutes was sonst
er hat's schon hinter sich
so ein schönes begräbnis und so viele weiße rosen)

Wie sie Beethoven spielten

(Reiner Kunze)

Ein Gedicht das keinen Titel haben will

Die Kinder kehren mit den Angelruten heim ins Dorf
sie tragen einen Fisch im Taschentuch
Er lebt noch
unterm nassen Stoff wackelt er leicht mit den Kiemen
und löst Schleim

Gott ließ es zu
er gab den Fisch den Kindern als Geheimnis preis
ein stummes Kleinod fast ein Lösegeld
für alles was er uns ansonsten vorenthält

In Wahrheit aber ist's ein Schlüssel aus kaltem Silber
zu all den Häusern
die er für uns mit Absicht ohne Tür errichtet hat

Die Kinder ahnen nichts und ziehen auf dem weißen Distelpfad
stolz mit der Beute ab
Der Himmel hat sich überzogen
und sanft in feinstem Gleichmaß geht der Regen

(Felix Philipp Ingold)

Ivan Blatný

Herbst

Das Laub im Park zusammenkehren, eine ruhige Arbeit,
Hin- und hergehen, und wieder zurück
Wie die Zeit wiederkehrt, wie die Ferne
Nostalgisch wie Briefmarken auf den Couverts

Ich fand einen Brief, nur mit Bleistift geschrieben,
Regenverwischt, zerrissen zur Hälfte.

O Zeit der Briefe, wo bist Du, wo bist Du?
Wie Rilke schrieb ich lange Briefe,
Jetzt schweig ich, *adieu*, November ist da.
Rotfüchse galoppieren aus den Toren.

In der Nähe der Kathedralen

Wie konnten die Dichter die katholische Kirche mißachten
Sie ist voll Zauber und Mythologie nie dringen wir in ihre Tiefe
All die Legenden der Heiligen und die Ornate
All die Komplikationen ihrer Liturgie

Wo wohnt denn eigentlich unser Pfarrer
In Brünn kenn ich solche Winkel am Petrov
An den Wänden die Heiligenbilder
Das Kruzifix
In der Bibliothek die dicken Bände der Theologie
Eine Katze spaziert über das Fenstersims das in den Hof führt

Das Gute

In Turin damals vor achtzehn Jahren
Familienväter verschiedner Berufe kreuzen die Fahrbahn
Erscheinen in den Fabriken und in den Büros
Der Kohlenhändler handelt mit Kohle

In Turin die Tram rollt an den grauen Mauern vorbei
La carozza di tutti

In Norditalien fällt im Winter Schnee
Alles ist ganz so wie bei uns in den nördlichen Städten

Frühling
Václav Černý gewidmet

Schon ist der Winter vorbei der sparsame Biber
Die Stare schwatzen auf dem Dach des Nationaltheaters
Blicken über die azurnen Höfe

Mallarmé hat den Waschtrog erfunden wir waschen
Waschen azurne Wäsche an der frischen Frühlingsluft
Die ganze Stadt scheint jedenfalls
Leicht wie aus Seifenschaum

Annaberg

In einem der Dörfer über geschindelten Dächern
Kräht der Hund
Der Student studiert Melancholische Spaziergänge
Spielt nach der Arbeit mit dem Vater Schach
Rochiert der Vater denkt nach

Mutter arbeitet In der Werkstatt spielen die Kinder Verstecken
Gott der dieses Glück sieht
Muß nichts an der Ewigkeit ändern

Sommerabend

Schläfrig, ein goldenes Horn
Lighthorne,
Zwischen den Ställen, die Sonne.

Stille und Scheunen. Bräunlich
Trocknet das summende Holz.
Wie frische Milch

Tropft die Landschaft vom
Euter. Darüber, unbeweglich,
flockiger Schaum ihrer Hügel.

O Mähren

Gläserne Kästen goldgeziert aus dem Innern der Rosen
Aus den Wurzeln der Förster
Wir haben deinen Holzschlag nicht vergessen

Mähren ein Nest aus Silbergefieder
Die Wurzel ein Förster ragt aus verlassenen Türen

Wasserstunden

Die liebliche Kette der Golfplätze schlingt sich durch Gärten
Alles verglast

Dies Glashaus so scheint es ist England
Immerfort sieht man wieviel Wasser die Luft hat
Die Erinnerung an Fische hat sie niemals verlassen

Wo könnte man wohnen in der Tschechoslowakei?
Vielleicht in Hohenelbe
Gleich unten beim Fluß

(Peter Demetz)

František Listopad

Ivan Blatný gewidmet

Slawen in London, Paris, in Lissabon,
genauer gesagt, die Tschechen,
nur ein Tscheche spricht tschechisch zu Tschechen
Pozor! At'! Bud'si!

Ivan Blatný ist sechzig
aber ich kenne ihn nur aus Brünn
Ein zwanzigjähriges Reh
aus Angst scheu
du Angst du gemeine
lyrisch ein Leben lang
aber jetzt in schwarzes Glas gesperrt undurchlässig

Aber
in London, Paris und in Prag
wird wieder Heiterkeit sein.
Ich sehe, was ich sehe,
den Dekalog zerrissen.
Was ich nicht seh, seh ich,
die tschechische Sprache nie rostend,
die tschechische Sprache filigran

Sommer

Die Fische atmeten Sommergewässer
In vernebelten Konturen schliefen
Nationen Das Dominospiel der Stadt hat ein Ende
Unter den Nägeln die Schuppen schenken uns Kleingeld

Der Beginn begann vor dem Beginn
als die Fliegen das Obst der Lüfte
auf langen Brettern landeten
in einer noch unentworfenen Landschaft

Sieh, meine Hand, die keine Gedichte mehr schreibt
sie bebt, aber nicht mehr von Worten
Fünf Finger umfassen die Anarchie,
halb Gerechtigkeit, halb Scherz aus menschlichem Schicksal,
schad, daß ich links nicht sieben Finger habe,
da wär noch Platz für ein Lächeln, Kinder, eine Orange
und in der Rechten für Onkel Bohumil. Er sagte immer,
Nachtleben ist ungesund,
und starb viel jünger, als ich es heute bin.
Ich, das ist er, den Du liest,
Du hältst in der Hand seine sorgsamen Lettern
meine Lettern schönschraffiert.

Sieh, meine Hand...

(Peter Demetz)

Jiří Orten

Am Scheideweg

Staubwolken wirbeln hinterm Henkerskarren.
Der Büttel dreht erschreckt sich um.
Gleich schlägt das Lockenhaupt zur Erde:
Tritt näher, näher, Publikum!

Gerichtet von jeher, reifte er lang in der Zelle.
Zeit genug: oft blutete, zwischen die Gatter, das Licht.
Er denkt nicht mehr an die Klage.
Er fordert sich selbst zu Gericht.

Fordert er wirklich? Kaum... Hinträumend sich
zu kleinen Wolken und zu jungen Brüsten,
will er, den Henkern gnädig, wie ein Lied
aufsteigen endlich zu den Blutgerüsten.

(Peter Demetz)

Ferne Morgendämmerung

Ein fernes Licht. Und Angst. Und sie wird Böses bringen.
Mit seinen Rhythmen – sie verzögern nur den Fall –
soufliert mein Leib, der Heuchler, dies. Ihr horcht. Eindringen,
Andeutung, Dämmerung, Beklemmung, doch kein Hall.

Ich reib die Augen. Wach. Und auf dem Löfflein steht
mein Schlaf in Tropfen harrt, daß er, geschlürft, mich nährt.
Kurz ists und nah. Ich kann dem winzigen Gebet
nicht anvertraun: Ich hätte, was es sprach, gehört:

»Wie soll ich tagen? Hörst du!« An den Morgenstern
der Leib, der Heuchler, denkt; und seiner nimmt sich an
ein kleiner Ausschank, der mich ruft. Ein Licht, so fern.
Und Angst. Und Böses bringt sie. Und es naht heran.

(Uwe Grüning)

Nächtliches

Ein Mitternachtswort kam zur Welt,
begann in mir zu leben.

Ich warte, bis das schlafende Werk erwacht,
damit es Erniedrigte und Gestrandete
hülle in Tücher des Friedens,
in Totenhemden, Kerzen bei Dingen,
Gedichte.

So wartet der Glaube der Verzagtheit,
so wartet das nackte Erstaunen,
so wartet das Lachen: es lacht einfach,
so warten Scham und Blut, blutende Frauen.

Am Schmutz erkennen wir uns.
Und am Grauen davor.
An der Landschaft.
An der Reue.
An der Sprache.
An der Stille.

Bloß nicht schweigen in solchen Nächten.
Nicht rütteln an der Finsternis.
Sich sehnen wenigstens nach Früchten,
wenn auch vom Wurm zerfressenen, faulen.

Auf den Scherben der eigenen Freiheit lagern.
Wache halten in diesem furchtbaren Camp.
Und wenn der Leib in den Abgrund stürzt,
sich krümmt und windet unter der Last,
wieder die Mutter suchen in der Ewigkeit,

so wartet der Glaube der Verzagtheit.

(Susanna Roth)

Die sechste Elegie

An einen Ort der Freude kam ich.
Alle meine Bekannten sind hierher gekommen.
Ich bin ihnen fremd, und keiner will mich kennen,
keiner lächelt mir zu, wie ich erwartet,
trotzdem weiß ich: sie sind meine Brüder,
nicht immer zwar, so doch Gefährten.
Mag sein, daß sie mich nicht kennen wollen,
weil es dunkel und Abend wird,
oder aus Scham, oder weil sie nicht allein,
oder weil ich allein bin.

Sie haben viel Spaß. Ihre jungen Freundinnen
bleiben lachend vor jeder Bude stehn,
kaufen Kuchen und nutzloses Spielzeug,
Nugat, Pralinen, Elefanten,
Zappelmänner aus etwas, das eßbar,
glückverheißende Kaminfeger.
Sie blinzeln den Männern mit den Gewehren zu
und den Frauen in der Schießbude mit den vielen schönen
    Preisen,
diesen alten, hergenommenen, lüsternen Schießbudenfiguren,
auf deren Lippen die vereiste Lüsternheit taut,
wenn ein Schuß ins Schwarze trifft.

Und dann, das Wunder in all der Sinnlosigkeit,
das gelehrte Pony, das weise den Kopf neigt,
wenn sein Herr gierig die Münzen einsteckt,
die ungeduldige Kinder ihm gaben;
das gelehrte Pony, das auf dem Sägemehl der Reitbahn
so lange reglos liegen kann,
daß ein auf seine Augen gelegtes Blatt sich nicht rührte;
plötzlich springt es auf, schaut sich um
und schreibt mit dem Huf Zahlen;
es weiß unser Alter und wann wir sterben,
es weiß, seit wann es keinen Hafer fraß,
es weiß, daß es nichts als schlafen möchte, das kleine,
das traurige schwarze Pony.

Beim Öffnen des Vorhangs erscheint auf der Bühne
halb Mann, halb Weib, Tochter eines gestürzten Monarchen,
der einmal mächtig und gnädig war,
eine Prinzessin, heute verarmt,
so arm, daß sie immerzu die verlorenen Perlen sucht.
Doch sie steht aufrecht neben der Mißgeburt,
die mit dem Finger auf sie zeigt:
Hören Sie? Sie hustet, und hat doch keine Brüste mehr.
Nur für Erwachsene! Treten Sie ein! Fassen Sie an!
Dreh dich, Prinzessin, dreh dich noch einmal!

Lern solche Zauberein begreifen, bevor es zu spät!

Da ist der »Palast des Lachens«. Der Wind hebt die Kleider,
die bleichen Schenkel zittern vor Erwartung,
und das Verlangen tastet durch die Falten des Kittels,
weiße Brüste, hastige Düfte,
die häßlichen, verbrauchten alten Weiber haben plötzlich alles,
und alles zeigen sie her.

Mein Gott, welche Flut überschwemmt mich!
Ich kann nur noch leise den Schlangenmenschen fragen,
die Marionette fragen, die Geisterbahn, die Spinne,
den Leierkasten des Ringelspiels fragen,
der wie ein geschlagenes Tier vor Schmerzen schreit,
den Himmel fragen, der über solcher Freude sich wölbt,
die Wachmänner im Dunkeln fragen:
wo ist da Platz für das, was leidet,
für die, welche schlafen möchten, die Matten,
die nie das Tal der Wunder erreichen können,
die Lippen haben, aber das Küssen nicht kennen,
für die Verirrten? – Keine Antwort.
Da macht ich mich auf den Heimweg. Es war schon Nacht.

Am Rande des Orts der Freude stand der Zirkus,
leer und verwaist,
die letzte Vorstellung war vorüber.
Nur das gelehrte Pony war noch da.
Es wird auf dem Sägemehl der Reitbahn schlafen,
denn bis morgen muß es die Zahl der Sterne wissen,
wenn die Kinder danach fragen;
so viele gibt es, und der ist der hellste.
Es neigte sanft den Kopf, als es mich sah,
daran erkannt ich, daß wir alte Freunde.
Frag! sprach es. Ich weiß, was du fragen willst.
Da fragt ich: sag, wohin gehöre ich?

Das Pony lächelte und schwieg,
denn es kann verschwiegen sein.
Dann sprang es auf, kam nah zu mir,
sprach langsam: Ich rechne etwas aus,
weiß nicht warum, und weiß nicht wie,
doch ich muß es tun, genauso wie du.
Jetzt geh nach Haus, sei still! Das, glaub mir! ist das Wunder.

(Josef Mühlberger)

Die letzte Elegie

Wir sind Schnee, wenn wir schweigen, schmelzend in unser
    Elend, kaum
im Frühling, im nahenden, atmend, eh nicht der gütige
    Winter
die Berge uns biegt und ihre Hänge wie Lippen herabneigt,
daß wir erwachen...
Wir sind Schnee, wenn wir schweigen. Wenn aber einer den
    Mund
nur ein wenig auftut im Lied, der herrscht
mit Musik den Ländern: sie fügt sich zu
Knoten, zu Seemannsknoten verschlungen,
so war er des Segelns einst kundig.

O Gott, führ ihn nicht
hin ans Riff, heil laß ihn ankern,
mögen daheim ihn auch die Kinder erkennen:
ich weiß, er hat sich verändert, ich weiß, er war früher
nicht so dunkel, so schwach, so schwankend – aber
schwamm er nicht durch Gewitter? Haben ihn nicht
Meere erschüttert? War ihm das Schiffsdeck
plötzlich nicht Ebene ohne sicheres Steuer?...

Wir sind Schnee, wenn wir schweigen. Doch in der Zeit
des Gesangs wird die Seele uns hell:
ein ungeheurer Himmel, Sommer, dein Wille:
Hör ihn, o Herr, erhör ihn, kehr dich nicht ab!
——————————
»Im Zimmer liegst du, damals vor elf Jahren,
krank, in Geschichten blätternd: Apfel, Dunkel und Bett.
In langen Dialogen mit den Polstern.«

Du Splittersammlerin Seele! Tückische Norne!
»Du liegst im Zimmer, liest im Boris Pasternak.

Den Ring, meinst du, den muß ich meiner Mutter zeigen:
So saugt der Brunnen, der entdeckte, in die Tiefe.«

Fort will ich, fort, mein Gott! Warum bist du kein Bahnhof?

»Dann ist es Herbst, nicht wahr? Du gehst, wie einst, spazieren
zurück ins Kronenlaub... wie Messer scharf, dieses Gefühl,
daß deine Scham zerschneidet über die verlorne Liebe.«

Du denkst an Ferne nur! Zwing dich in meine Breiten!

»Du liegst im Zimmer, röchelst kaum und stirbst:
ohne mich und sie, ohne Freunde und Dinge.
Der letzte Schritt. Hüt dich, daß du nicht fällst.«
– – – – – – – – – –
Und jetzt will ich, wohin ich damals wirklich ging, erzählen:
Ich ging ins Zimmer, das den Boris Pasternak mir barg.
Zum Rendezvous im Wald, mit Anmut und Vergessen,
zu meiner Niederlage, die das Wappen mir
mit krausem Schierlingskraut durchflocht,
und nirgends, nirgends hab' ich mich gefunden,
so war es einst, wie ist es jetzt?
Ist es jetzt anders, eh die Hölle deines Himmels
Entsetzen, Warten und der Tod mir schlägt?
Wenn alle Mädchen einmal wachten
und alle Männer sichtbar wären ihrer Träume,
wenn einst der Engel, wund vom Flug,
dies Herz, das leiden muß, verheilt,
wenn Herren Diener wären an der Welt:
ich werde, wenn ich sterbe, sagen: Dank.
Dank habt für alles, was da war und nicht war,
Dank für die Blumen, auch die welken,
Dank für den Moder hinter den Kulissen
auf dem Theater dieser Welt und aller andern Welten,
in denen ich noch ungeboren keime.

Neigt euch, ihr graden Eschen über Gräbern,
reift Früchte, reift über den Friedhofshängen,
aus den Kaminen steig du, Rauch:
Dank sag ich Erde dir, darin ich ruhe,
für deiner Würmer schönen Hunger, dem wir leben.
Noch nicht. Noch nicht. Mein Durst
hat noch aus deinen Krügen, Sehnsucht, nicht genug
    getrunken,
noch wartet Obst und Wein und liebes Brot:
noch fühl ich Verse, spüre meine Sprache:
Fluß, Fluß der Liebe, fließ nicht fort!

Der Fluß fließt fort, der Fluß rennt rasend,
hier, irgendwo hier griffen wir einander in Verstecken,
da wir das Spiel der Liebenden in dunklen Höhlen
    spielten,
hier, irgendwo hier drangen unsre Küsse
in erste süße Lippen und in erste Frauenbrüste,
hier, irgendwo hier lagen sie
wie weiße Blätter auf dem grauen Fels,
hier, irgendwo hier schlug um die Wette
der Haß mit Liebe auf in unserm Blut,
hier irgendwo verloren wir die Furt...
— — — — — — — — — —
Natur sind wir, verschwimmend langsam im Abend,
da ist kein Abschied, nein, wir waren ja Morgen,
niemand ist da, niemand kann sagen,
wir blieben im Dunkel und niemals mehr leuchte
die Unschuld unserer Rasse uns auf...
Ich glaube nicht, daß dieser schwarze Park in Stadt
    verdämmert,
wo wir, mein Bruder, sitzen und du sagst mir: still,
ich schreibe ein Gedicht. So bin ich still,
weil du Gedichte schreibst von ferner Fremde,
von ihrem Duft, dann liest du sie mir vor:

ganz Stimme, gerührt. Bald gehen wir heimwärts,
die alten Lieder singend auf dem Weg.
Ich glaube nicht, daß dein Gedicht versank,

noch ist es in mir, so vieles kenn ich
auswendig und lächle darüber,
wieviele Zeilen ich noch weiß.

Jetzt lös ich mich von meinen Elegien,
schwer ist der Abschied; Abschied
von dir und allem, was mich verließ,
aber ich spüre noch, wie ich voll bin
von all dem Verlassenen, nichts ist verschwunden.
Berühr mich, willst du, fühl: wie das verschiedene Glück
andauert und der verschiedene Schrecken.
So, Lieber, Gruß dir, während der Schmerz noch schmerzt,
den zu beherrschen wir planten.
Nicht mehr. Nicht mehr. Schon ist er zu Ende:
Er öffnet dem jüngeren Bruder das Tor,
der nach dem Zepter greift und unser Leben
von neuem, von Anbeginn, formt.

(Peter Demetz)

Jan Zahradníček

Theatrum Mundi et Dei

Genau so sind wir. So sieht das Spiel aus.
Vom Zuschauerraum die Bühne
kannst Du beim Spuk der kalkigen Beleuchtung
        kaum unterscheiden
Das Gelächter klingt wie das Klirren umsonst zerschlagener
        Kostbarkeiten
die man unaufhörlich hereinträgt von irgendwo
        außer der Welt
und Glyzerintränen rinnen herab am falschen,
        geschminkten Gesicht
das spielt und sein Spiel betrachtet,
während in den Winkeln unwahrhaftiger Münder
in den Winkeln brechender Augen
sein schwarzes Gewimmel weidet
der Götze der Fliegen.

Nur daß ab und zu
sich das falsche Gesicht so tödlich wahrhaftig zeigt.
Auf einmal geht es um Alles
Die Glyzerintränen rinnen wie menschliches Blut
Die verlogenen Münder legen schreckliches Zeugnis ab
        wider uns
Die Augen gehn auf und gehn zu wie am Anfang und Ende
        des letzten der Tage
nach dem nichts mehr sein wird
und in die überfüllten, neugierig gaffenden Galerien
        der Epochen
die jählings vor Schrecken versteinern
starrt Veronikas Schweißtuch…

So geartet sind wir und so spielen wir herum
mit dem Feuer, das brennt und doch nicht verzehrt
wo wir doch stets hinausgehn könnten aus diesem
        Angeld der Hölle
und sind so anders, und anders ist alles
wenn wir nur vom Kopf heben die Maskerade der
    Würde,
ausziehn die lästigen Schuhe der gelehrt lehrhaften Rolle
und barfuß, wo auch immer, überschreiten die Schwelle des
        Königreichs Gottes
inmitten von Kindern
und mit ihnen schauen auf die Finger dem Herrgott
wie Er gestaltet die Sterne und alles das viele, das
        jährlich wiederkehrt
vom Veilchen bis zum Gewitter

So überschreiten wir barfuß die Schwelle des Sonntags, des
        Hauses des Herrn
Sie singen. Und während draußen mit Starrsinn man
        sich bemüht
im Leichensaal, im Krankenhaus und unter Foltern
um jeden Preis näherzukommen dem Geheimnis des
    Leibes,
verkünden hier Glocken, von Knaben geläutet, die göttliche
        Torheit.
Es beginnt ein wahreres Spiel, das Theater der Welt geht zu
        Ende
Ihre Wahrheit hatten die Glocken gegen alle Stimmen der
        Erde, und verkündeten sie
Die Söldner rücken heran, alles ist hier, selbst wenn nicht
        flammten die Kerzen
und die Orgeln sich nicht beriefen auf verschwundene
    Tote
Das Hochzeitsmahl ist es, am ehesten Kana, doch plötzlich
        gehen die Türen auf

Zu Ende die Lesung von der Vermehrung der Brote, es kräht
     schon der Hahn

Verleugnen können wir alle. Alle werden wir fliehen

Opferpriester des Friedens

Vielleicht ist das Weltall draußen vergittert.
Und wir hier drinnen,
wir sind auf freiem Fuß. Befreit vom Joch
der Bedürfnisse und der Gewohnheit,
von einer Zeit, auf die Erde geklatscht in die Ohnzeit der
     Toten,
vom leeren wie weiten Gesichtsfeld der Jahre.

Wie ein noch lebender Mieter des Grabes
stemmt jeder nach seiner Art
hoch seinen Felsblock.
Jeder nach seiner Art ein Staunen der Engel, ein menschliches
     Weinen,
in jedem von uns würde man finden
die Zeit des Gerichtes und die Zeit der Kometen,
als sie uns abholen kamen,
wie Metzgergesellen das Vieh auf stinkenden Pritschen
zur Schlachtbank zu fahren.

Und dann nur das Zuschlagen der Türe, hinter der
     bleibt
ein Jammer, die Frau in eine Säule verwandelt
und die Vergangenheit in Flammen.
Und dann nur leere Augen und Hände,
während draußen
hinter siebenerlei Schlössern
sich die Braut Erde in Lerchenschleier kleidet,

um unsertwillen aufschiebend von Tag zu Tag
die unsagbare Verlobung des Geistes…

Noch gut, daß es gibt
des Schutzengels Wacht,
in der Glut ihre Kühle, ihren Regen in der Dürre,
in der Patsche ihre Sicherheit,
eine Freude tiefer als die Welt
und den Sieg auf Bannern, an denen rüttelt kein Wind.
Noch gut, daß überall und immer
wir danksagen können.

Auch für das Heulen der Hunde
und das Schlagen der Zuchthäusler-Uhr.
Auf dem Dornenlager Deines Kerkers,
während fern ein Zug durch die freie Finsternis braust,
liegst Du und wachst in unwiderlegbarem Zeugnis.
Und wenn es am Abend zur Ernte herweht von den gemähten
    Feldern,
atmet Dich inbrünstig an ein junges Gedicht.

Kein Papier und keine Druckerschwärze sind da,
doch eine Flamme, ein lebendiger Odem ist Dein Gedicht,
da in der Klagegemeinschaft der Darbenden und der Toten
ein Wort nach dem anderen sachte sich loslöst
von Deinem Atem
und weiterlebt nach seiner Art
und dann weiter von selbst die Fahne des Dichtens flackert,
Dein Gedicht »Die Opferpriester des Friedens«
wehklagend die Hände erhoben aus der Mittelmäßigkeit
    Sintflut,
ein Aufschrei der Liebe voll Zorn.

(Nikolaus von Lobkowicz)

Vladimír Holan

Verse

Die Welle, in welcher der Fisch die Musik befreit
aus dem Gedächtnis der Kiesel,
die Friedhofsmauer, auf der man Windeln trocknet,
der Vogel, das fallende Blatt, eine Stimme irgendwo im Nebel –
vereinfachen jede Geste,
auch wenn der Gang der Geschichte durch die Natur
noch sosehr die Bilder bis zum Triebe wetzt.

Dem verwickelten Haß antwortet das Leid
so einfach,
wie wenn der Sohn
die feinsten Mörderworte wählt
und die Mutter sich die Tränen mit der Schürze trocknet.

(Rio Preisner)

Mauer

Warum so schwer dein Flug,
warum so spät?
– Fünfzehn Jahr und genug
hab ich in die Mauer geredt

und schleppe selber die Mauer
her aus meiner Hölle,
daß jetzt sie genauer
euch alles erzähle...

(Franz Wurm)

Tänzerin

Du bist die einzige wirklichkeit, die namen ändern kann,
ohne empfängnis und geschlecht zu leugnen... Und vielleicht
    eben deshalb
konnte ich dich halbgeschlossnen auges nie vergleichen
mit dem bild, der blüte, der flamme, dem wind. Und vielleicht
    eben deshalb
tat es mir stets leid um deine schönen geduldigen nackten,
vom staub der bretter schmutzigen füße. Und vielleicht
    eben deshalb
bist du mir menschlich irdisch, und schwer also arbeitet
    dein atem
vom bauch bis zu den brüsten, die abergläubisch sind
wie zwei gewitter in der walpurgisnacht.
Du arbeitest ohne seen... Die musik aber brüllt und will
   trinken
und schleicht sich mit der lockenden dämmerung der
   bewegungen
      wenigstens zu deinem schweiß,
während ich, der ich nicht lügen kann, unverdient sehe,
daß alle stellen zum küssen eben nur an dir sind.
Doch du wirfst sie weg ins verlorene,
denn du brauchst nichts mehr, nicht einmal dich selbst...

                              (Reiner Kunze)

Todo

Wie ein Frühlingsgewitter
nur kurze Zeit außer sich ist
bei abgründiger Sinnlichkeit der Blitze,
die in die Masten schlagen –

so ist auch die Geliebte
nur eine Weile dein,
und dies nur darum, weil
sie es nicht mehr weiß...

Du aber trägst in dir so viel
ununterbrochene Nacht, daß du sonst
nur dunkel wärst...

Fragezeichen

Wirklich, einen so arglosen Mai
hast du noch nie erlebt!
Da sind ein paar Briefe,
die zu beantworten unnötig ist,
ein offenes Fenster, Bäume,
dahinter die Friedhofsmauer.
Wenn du dorthin müßtest,
was müßtest du mitnehmen?
Manchen genügt ein Becher
und eine leere Flasche. Aber
was wird aus dir,
da selbst das Unsichtbare
sich nicht sieht?

Dies Caniculares

Liebende. Zwei Gegenbilder,
zu ungleich, darum
voll Sehnsucht nach dem einzigen.

Damit solch ein Bild nicht allein
durch Verneinung möglich würde, müßten sie

den Schleier der Maya vernichten. Sich selbst
vernichten.

Hitze. Der Hund leckt sich die Hoden,
Dalila rasiert sich die Scham,
beide warten… Worauf?
Etwa auf ihren
Lebenslauf?

Die Liebenden

Noch nicht im Abschied. Als
verließen sie sich auf die Ewigkeit.
Noch nicht im Abschied. Mag sein
nur weil Frost ist um sie.
Noch nicht im Abschied. Sicher
nur, damit die Welt es nicht erfahre.
Sie werden aber Abschied nehmen. Und
welches von beiden wird nach Jahren sagen:
»Ich kehre nicht zurück,
ich war dir treu«?

(Franz Wurm)

Die Föhre

Wie ist sie schön, die alte weimutskiefer
auf den hügeln deiner kindheit, die du heute
            wieder besuchtest…
Unter ihrem rauschen gedenkst du deiner toten
und grübelst, wann du wirst an der reihe sein.
Unter ihrem rauschen ist dir, als habest du
            das letzte buch zu ende geschrieben

und solltest jetzt schweigen und weinen, damit das wort
   wachse.

Was war dein leben? Bekanntes gabst du hin für unbekanntes...
Und dein schicksal? Es lachte dich nur einmal an,
und du warst nicht dabei...

(Reiner Kunze)

Gegen

Gern würd ichs dir sagen, darfs aber nicht.
Auf durchgewetzter Sohle der Tragödie
tanzt schlecht die Zeit
und zeugt gegen die Liebe.
Ob auch die Bäume erblüht sind,
hat doch das Obst sich nicht an den Tisch gesetzt.
Mit dem Leben im Leben und dem Dasein im Nichts
geschehe, was wolle, ist aber kein Geschehen...
Und was ist Wahrsagen? Rufen zum drittenmal?

(Franz Wurm)

Auferstehung von den Toten

Daß uns nach diesem Leben einst
Trompeten und Fanfaren
entsetzlich schmetternd wecken sollten?

Verzeih, mein Gott, doch glaube ich,
daß unser aller Auferstehung
ganz einfach mit dem Hahnenschrei beginnt.

Dann bleiben wir noch eine Weile liegen...

Die erste, die aufsteht,
          wird unsre Mutter sein.
Leise macht sie das Feuer an,
stellt leis das Wasser auf den Herd,
leis holt sie den Kaffeetopf aus dem Spind.

Wir sind wieder zu Hause…

                                        (Josef Fanta)

Unter Liebenden

Auch so fängt die Enttäuschung an: für ihn
sind die Turmsegler wieder für ein ganzes Jahr
davongeflogen, die er
wie Fledermaus und Eule liebt,
während sie sich vor ihnen allen fürchtet.
Und sie ist's, die das Brot gern zäh und klebrig hat,
und er den Pilgerweg zum Jahrmarkt, wo
man Haferbrötchen kaufen konnte.
Und sie ist es, die sagt:
»Ihr Weltenlügner! Durch Vergrößern wollt ihr
alles entlarven. Wie ich das kenne!
Und weil's euch über die Kraft geht,
dann wenigstens zum Schein!…«

Bei Regen

Als ich gestern mit dir war und du noch Mädchen,
bei Regen unter der Platane, die auf uns
die schriftliche Prüfung der Schatten
und die mündliche des Sturmes warf,
wollte ich nicht, als ich dich küßte,
aus dem Schicksal gleich ins Orakel gehn

und auch nicht fragen, wie zu sagen wär
›ich liebe dich‹, da ich es schon gesagt...
Und weil dann dein Schoß
sich verfinsterte, brauchtest auch du
nicht anders zu heißen...

(Franz Wurm)

Parkspaziergang 1939

Es gibt Parks. Es gibt Schwarzes. Das Schwarze bläht sich.
Es gibt Schilder: Verboten ist –
Macht nichts. Die Erde dreht sich.
Die Nacht verfließt.

Es gibt Worte. Geschrei. Und Schweigen.
Es gibt den Bomber. Es gibt den Tank.
Der gerupften Vögel Sang klingt nicht wie Geigen.
Egal. Er klingt. Dreifedernklang.

Es gibt Berge. Und Helle. Die Helle bebt.
Es gibt der zerstörten Arenen Steinmal.
Es gibt im Zwang ein Geheimnis, das lebt.
Und darum: Einmal, einmal...

(Franz Fühmann)

Der Schwan

Die längst verklungene Ohrfeige, die Lukrezia ihrem Schänder
     gab,
verklingt im Schwan, dem heute erst Aufgescheuchten,
der mit den Flügeln auf das befruchtende Wasser schlägt...
Der scheinbar riesige Raum zwischen beiden Handlungen
bebt vom Haß auf die Schwere bis in die Geschichte,

in die Geschichte, in der es zu oft brennt,
in der Geschichte, wo der kleine Junge Angst hat vor dem
    ausgestopften Vogel,
und wo das kleine Mädchen sich fürchtet,
daß ihre Puppe zu Asche wird…
Haß auf ihre Schwere? Doch als König Sargon
absprang und zu Fuß ging,
hoben die Krieger sein Pferd auf und trugen es.

(Verena Flick)

Häuser

Häuser ermüdeter füße
haben die meisten stufen.

Häuser gelähmter arme
sind ohne geländer.

Häuser erblindeter augen
haben das meiste licht.

Häuser brechender herzen
sind aus zement.

Häuser des sterbens
haben im keller eine bar.

(Reiner Kunze)

An die Feinde

Ich hab eure Niedertracht satt,
und hab ich mich noch nicht erschlagen,
dann nur, weil nicht ich mir das Leben gegeben

und weil ich noch jemanden liebe, da ich mir selber lieb.
Ja, lacht nur; aber den Adler fällt
nur der Adler an, und Leid um den todwunden Hektor
steht einzig Achilles zu. Sein
ist nicht leicht... Dichter sein und Mann
heißt Wald sein ohne Bäume
und sehend sein. Der Wissenschaftler
ist voll Augenmerk. Die Wissenschaft
spannt sich zum Wahren hin,
nicht mehr: Spannweite –
ja; Flügel – keine! Per ché?
Ganz einfach, wie gesagt: Wissenschaft ist
in der Wahrscheinlichkeit, der Dichter
im wahren Schein: die weite
Halbkugel des Gehirns schlägt mit der Frage
nach Zucker selbst die größte Dichtung ab...
Der Gockel scheut den Regen, aber
das ist was andres; es ist Abend, er
geschlechtsreif, würdet ihr sagen, und das Fräulein hat
so feste Brüste, daß ihr an ihnen ruhig
zwei Gläser Schnaps zerschlagen könntet –
aber das ist was andres. Denkt euch
einen Leuchtturm auf einem Schiff,
einen schwimmenden Leuchtturm: aber das
ist ganz was andres. Und eure ganze
Entwicklung, von der Stelle für
den Menschen bis zum Wurzelgestell
der Flechte: aber das ist doch
ganz was andres! Der Wolke
kommt der Magen hoch, bei euch
strömt nicht einmal Gas aus, ihr
könnt nicht sein, könnt nicht einmal
erstickt sein von Schlangenschuppen, was Gott
sich ausgedacht, das will er hier
durchlitten wissen, Betrunkenen

und Kindern ist das klar, aber die
sind auch nicht so unverschämt, daß sie
nachforschten, warum der Spiegel
sich trübt unterm Blick einer menstruierenden Frau,
und Dichter fragen aus Liebe zum Leben nicht,
warum der Wein im Faß sich regt,
wenn sie vorübergeht…

Und ich bin eurer Unverschämtheit satt, die alles
durchdringt, was sie umfassen wollte
und nicht umarmen kann. Es muß ja
ein Unheil kommen, das ihr
euch nie habt auch nur träumen lassen,
denn ihr seid ohne Träume,
was Gott sich ausgedacht, will er durchlitten wissen,
ein Unheil kommt, Betrunkenen und Kindern ist
das sonnenklar, hier könnte Freude
nur noch aus Liebe sprühn, wenn Liebe
nicht Leidenschaft wäre, und nur
aus Liebe könnte Glück noch sprühn,
wär Glück nicht Leidenschaft,
Betrunkenen und Kindern ist das klar…
Nötig wärs euch, zu leben um zu sein,
ihr aber werdet nicht sein, denn ihr lebt nicht,
und lebt nicht, weil ihr ohne Liebe seid,
da ihr selbst euch nicht liebt, wie erst den Nächsten!
Und ich hab eure Gemeinheit satt,
und hab ich mich noch nicht erschlagen,
dann nur, weil nicht ich mir das Leben gegeben
und weil ich noch jemanden liebe, da ich mir selber lieb…
Lacht zu; aber den Adler
fällt nur das Adler-Weibchen an
und den verwundeten Achilles nur Briseis.
Sein ist nicht leicht… Leicht ist nur das Geschmeiß.

                                                (Franz Wurm)

František Hrubín

Neige der Liebe

Du gingst, nach deinen Schritten bleibt
die Stille ohnegleichen.
Und wie ein Krankes glänzt und treibt
der Mond auf allen Teichen.

Und meine Nacht verschweigt sich hart,
du weißt es, bis ein Klopfen
der Stille dich im Wort bewahrt.
Biene im Bernsteintropfen.

Rast am Brunnen unter Lešany

Wir gehn den Weg, der längst verging,
im Kleefeld rauscht das Wehr,
und eine Grille macht sich flink
im Heidkraut hinter andren her.

Uns trippeln letztmals Jahre nach,
zwei Eselchen, die schäumen,
du sechzehn und ich zwanzig, ach,
trau, trau nicht ihren Träumen.

Am Brunnen: knien mit hohler Hand,
die starr wird und zu Jade.
Wie einen Krug umfing galant
die Kühle deine Wade.

Trink nach mir. Und laß mit Geschick
dein Bildnis dort versinken,

ich werde einmal seinen Blick
und Atem gänzlich trinken.

Heuschrecken, die wie Kerzen sprühn:
Allein um dich zu ehren schlägt
die Sonne Feuer aus dem Grün,
das blinder Sterne Funken trägt.

Durch halbgeschlossne Augen sehn
wir, was im Fernen streift,
mag sein, daß unser Müßiggehn
es anrührt und ergreift:

Am Rand der Wiesen schimmern bleich,
umwimpert von Schilfsträhnen,
der Teich des Schäfchens und der Teich
des Lämmchens auf wie Tränen.

Wir gehn den Weg, der längst verging,
im Kleefeld rauscht das Wehr,
und eine Grille macht sich flink
im Heidkraut hinter andren her.

Uns trippeln letztmals Jahre nach,
zwei Eselchen, die schäumen,
du sechzehn und ich zwanzig, ach,
trau, trau nicht ihren Träumen.

(Jürgen Rennert)

Der Leser am Fluß
Über den Gedichten von Georg Trakl

In ewiger Bläue der Azur.
Der Wind in meinem Buche blättert.
Die Augen ruhten lang schon. Nur
ein buntes Käferchen durchklettert,
lebendiges Initial,
der Strophen weißgefaßten Rahmen,
verzückt wie ich – und deinen Namen
vergaßen wir fast dieses Mal,

Dichter, der Strophen du gelesen,
die heute – längst vergessen – ruhn,
dein Sommer war durchklirrt gewesen
von Waffenlärm, wie meiner nun
durchströmt der Fluß, wie anderwärts
und hell im Schilf spielt Sonnenflimmern
und läßt im gleichen Glanze schimmern
den Strahl der Sichel wie des Schwerts.

Wie weit ists bis zu meinem Tod?
Hör, wie der Fluß mein Wort wegleitet,
mit meinem Spiegelbild entgleitet
und wie das Licht aufflammend loht,
fast sprengend die granitnen Höhen
der Landschaft rings, die hartgebrannt
wie die Gebirge um mein Land,
da ewig sie im Feuer stehen.

Und von des Sonnentores Loh'n
führn Felder niederwärts wie Treppen,
darüber sich die Dürren schleppen
und Hunger auszusäen drohn.
Der Schnitter schwenkt den blanken Stahl,

und ein Befehl ist die Gebärde:
Halt wie die Toten fest die Erde
und fester noch – für dieses Mal! –,
im Schatten dann der Lindenkrone
wischt er den Schweiß, der strömend rinnt:
So gut behelmt hat ihn die Sonne,
bevor er seinen Weg beginnt.

Vielleicht ist schon sein Tag bemessen,
das Ende naht auf schnellen Schuhn.
Dein Sommer ist durchklirrt gewesen
mit Waffenlärm wie meiner nun,
doch strömt der Fluß wie anderwärts,
und hell im Schilf spielt Sonnenflimmern
und läßt im gleichen Glanze schimmern
den Stahl der Sichel wie des Schwerts.

(Franz Fühmann)

Lied von der Liebe zum Leben

Einmal verlass' ich euch, blaue Spiegel der Flut,
Hügel euch, die ihr sanft, Stufen vor Bergen, ruht,
euch Nächte im August, Jugendlieben beschwörend,
euch Linden, zart umsummt, Wiesenglast, Augen betörend,
Königskerzen am Hang, heller als Wachskerzenschein,
einmal verlass' ich euch ganz, für mich wird nichts mehr sein.

Nichts wird mehr für mich sein, aber, die Wolken spaltend,
wird sich der Sonne Licht am schönen Weltsaum entfalten,
Klang von Waldhörnern tönt, Schauer erweckend und schwer,
dann auch im Brautjungferntraum von fremden Grabfeiern
    her,
Grillen werden auch dann festlich im Grase lärmen,
das nichts mehr wissen wird von meinem irdischen Schwärmen,

in Flöten fließt auch dann frischer Hauch aus Lungen ein,
doch für Äonen wird davon für mich nichts mehr sein.

Alles verlass' ich einmal, trunkenen Wahn und dich, Trauer,
singen wird dennoch das Land: süß wird das Leben stets
    dauern,
Sonne erblicken auch dann zwei in des Mondes Gefild,
trinkend der Sterne Glanz in ihrem Augenbild,
Ufer schütteln auch dann die Schöpfe der Erlenbäume,
wettlaufend mit dem Fluß, Ort meiner lieblichsten Träume,
das Meer der Milchstraße braust dann, und aus seinem
    Schaum
weben die Träumer neu ihren kosmischen Traum,
Augen der Sternwarten spähn tiefer durch nächtliche Gitter,
und es werden davon die Spiegel der Magier splittern,
auf Hügel ziehn auch dann die Pilger dem Sternenziel zu,
locken wird dann auch der Mond aus jenen furchtbaren Fernen
wie eine holde Frau, schlummernd zwischen den Sternen.

Ließ ich auch hundertmal mehr hinter mir, Herbst, du
laß mich mit deiner Schar weinender Winde in Ruh,
mag alles enden für mich, Leid, Unbill, die in den Gründen
meines Herzens gewühlt, Larven gleich unter Rinden,
mag süßer Liebesschmerz für mich zu Ende sein,
durch Bienenflügel spielt auch ferner des Maien Schein,
Erde wird hinter dem Pflug aufwärts und tiefenwärts dringen,
flammend aus Sklavenjoch werden Revolten sich schwingen,
um den Boden, für den Schweiß gab der Arme und Blut,
wird sein Kampf weitergehn gegen der Reichen Brut,
auch dann werden Ozean und Urwald wehren den Wegen,
auch dann wird die Zukunft Schwindel in Köpfen erregen,
des Menschen Stimme wird in immer breiterem Kreis
tönen auf Erden, mag dichter noch auf seinen Wegen
der ewige Feldrichter Tod Frost und Dunkel hinfegen.

Ehe ich alles verlass', reiße mich noch einmal fort,
was ich bisher erlebt: des Seins metallner Akkord,
tiefe Freude am Werk, entwunden des Todes Fängen,
liebende Bindung an sie, die ihre Fesseln sprengen,
und die Sehnsucht, aus der mein Herz dies Lied hier singt,
daß es das Weh um den Tod immer von neuem bezwingt,
o daß zum Leben mich neu, zur Erde reiße die Liebe,
die Liebe, ohne die ich gleich einem Stein stumm bliebe,
Liebe, mit der ich einsaug die blauen Spiegel der Flut,
die Hügel fernhin dort in der Gebirge Hut,
die Nächte im August, Jugendlieben beschwörend,
die Linden, zart umsummt, Wiesenglast, Augen betörend,
o hörte ich, hörte die Welt brausen, nah den Salut
des Zukunft-Ozeans, aus dem mich, o daß es geschehe,
breitester Freiheit Hauch meiner Kinder anwehe.

(Peter Pont)

Im Herbst nach deinem Tode

Deine Kammer zum Hof wird gelüftet.
Ein letztes Mal machst du das Bett.
Ein letztes Mal querst du den Hof bis zum Tor,
legst deine Hand auf die Klinke.

Deine Finger verrinnen auf ihr, bis nichts
von ihnen bleibt. Die hitzegeborstene Erde,
aller Schnee, alle Regen entfalln deinen Füßen.

Messing. Berührung um Berührung entblättert
sich dir unter den Fingern.
                    Endlich
ist da dein erstes Berühren.

Mich fröstelte, als ich es tastend erspürte.

Im Garten verblühten Rosen. Späte Knospen
faulten vor sich in der Kälte dahin.

Augustmittag

Verweile, Leben, dies
allein ist doch der Augenblick,
dem alles zuwuchs, was ich Stück für Stück
bestellte, lebte, – also bleib mir stehen,
laß alles mich zum ersten wie zum letzten Male sehen.

Verweile, Leben, dies
allein ist doch der Augenblick!
Halt inne jetzt!
Was, gingst du, hielte mein Geschick?
Verweile, Leben, mich
und alles will ich dir hingeben
für diese letzte Chance, verweile, Leben!

Dank, Leben, daß du nicht verweiltest!
Aus einem werden tausend Augenblicke neu geboren.
Verhieltst du jetzt, ich ginge tot und ungelebt verloren.
Ich lebe nur aus der Verhindrung stillzustehen.
Auch jener Augenblick zersprang, Dank, Leben,
    Dank für dein Vergehen!

                                        (Jürgen Rennert)

Jaroslav Seifert

Lawn-Tennis

Vergiß die schwarzen gedanken
das schwere herz
Denk an weißes lawn-tennis
an leichte gummibälle

Ach alte gitarren und mandolinen
tote legenden verblichene ritter
Hör im geflochtenen liegestuhl
die seufzenden saiten der rackets

(Gerhard Rühm)

Verlorenes Paradies

Der alte jüdische Friedhof –
das ist ein einziger Strauß aus grauem Gestein,
auf den die Zeit trat.
Ich irrte zwischen den Gräbern umher
und dachte an Mutter.
Sie pflegte in der Bibel zu lesen.

Die Buchstaben zerrannen ihr
vor den Augen zu zwei Rinnsalen
wie Blut aus einer Wunde.
Die Lampe prustete und qualmte,
Mutter griff nach der Brille.
Ab und zu mußte sie das Flämmchen ausblasen
und mit ihrer Haarspange
den glühenden Docht geraderücken.
Schloß sie halb die Augen,

träumte ihr vom Paradies,
als Gott es noch nicht besetzt hatte
mit bewehrten Cherubinen.
Oft schlief sie ein, und das Buch
glitt ihr vom Schoß.

Ich war noch jung,
als ich im Alten Testament
die hinreißenden Liebesverse entdeckte,
in denen von Inzest geschrieben steht.
Damals ahnte ich nicht,
wieviel Zärtlichkeit verborgen ist in den Namen
der alttestamentarischen Frauen.
Ada ist die Zierde und Orpha
die Hirschkuh,
Naama ist die Süße
und Michael das Bächlein.

Abigail ist Quell des Trostes.
Erinnere ich mich aber,
wie machtlos wir zusahen,
als die Juden verschleppt wurden
mitsamt ihren weinenden Kindern,
durchbebt mich heute noch Entsetzen,
und frostiger Schauer läuft mir über den Rücken.

Jemina ist die Taube und Tamar
die Palme.
Tirza ist die Liebliche
und Zerpha der Tropfen.
Mein Gott, wie ist das schön!

Die schiere Hölle hatten wir bereits,
doch niemand wagte,
den Mördern die Waffe zu entreißen.

Als wäre in uns
kein Gran Menschlichkeit gewesen!

Der Name Jechiel bedeutet
mächtig ist der Herr.
Ihr finster blickender Gott aber
sah den Stacheldraht
und rührte keinen Finger.

Delila ist die Köstliche, Rachel
das Schäflein,
Debora die Biene
und Ester der strahlende Stern.

Kaum war ich vom Friedhof zurück,
stemmte sich der Juniabend mit seinen Düften
gegen die Fenster.
Aus der Stille der Fernen aber donnerte
der künftige Krieg!
Es gibt keine Zeit ohne Morden.

Fast hätte ich es vergessen,
Rode ist die Rose.
Und diese Blume, sie ist wohl das einzige,
was uns auf der Welt hier verblieb
vom einstigen Paradies.

Café Slavia

Durch die Geheimtür vom Moldaukai,
die aus durchsichtigem Glas war,
so daß sie fast unsichtbar blieb,
        und deren Angeln

mit Rosenöl geschmiert waren,
kam manchmal Guillaume Apollinaire.

Sein Kopf war verbunden,
        noch vom Krieg her.
Er setzte sich zu uns
        und las brutal schöne Verse,
die Karel Teige sofort übersetzte.

Zu Ehren des Dichters
                tranken wir Absinth.
Der ist grüner
        als alles Grün,
und blickten wir vom Tisch durchs Fenster,
floß unter dem Kai die Seine.
        Ach ja, die Seine!
Und unweit stand breitbeinig
der Eiffelturm.

Einmal kam Nezval mit steifem Hut.
Wir ahnten damals nicht,
        und auch er wußte es nicht,
daß genau den gleichen Apollinaire trug,
als er sich einst verliebte
in die schöne Louise de Coligny-Châtillon,
die er Lou nannte.

                          (Franz Peter Künzel)

Die Barrikade aus erblühten Kastanienbäumen

Überall wars anders. Wir, so der Morgen graut,
haben Barrikaden aus blühenden Bäumen gebaut.

Baum auf Baum fiel, blitzender Leuchter, zusammen.
Die Leute legten sich schweigend in die Flammen.

Ein schöner Tag: Geschütze tönten im Licht.
Die Leute wischten den Schweiß von ihrem Gesicht.

Dann kam die Schwester. Demütig trug
sie Brot, Zigaretten, Wasser im Krug.

In der Hitze die Bäume welken und weinen.
Die Schwester eilt herbei mit reinem Leinen.

Rastlos stand sie, schweigend, über Verbänden.
Wie wächst ihr die Arbeit in den Händen!

Mit dem ersten, zweiten, vierten ist es zu Ende.
Wandelt euch, Blätter der Bäume, in Hände!

Drei starben. Blüten und Laub
stürzten mit ihnen verwundet zu Staub.

Mühsam trug man, mitten im Kampfe, sie fort.
Aber die Bäume, noch heute liegen sie dort.

(Hugo Siebenschein)

Bericht von einer Demolierung

Es schien, das Haus wollte niederknien
und um Gnade bitten,
aber die getünchte Dachstubentreppe,
auf der mich das Geländer
zur geliebten Tür führte,
stürzte schon zusammen
wie die zertrümmerten Tafeln der Zehn Gebote.

Und der Brunnen meiner Kindheit,
der wie eine vermorschte Harfe ohne Saiten
unweit in einer Ecke stand,
erbebte sanft,
und gleich darauf verdeckte ihn eine schwarze Wolke.
Ich erzähle,
was ich mit eigenen Augen gesehen habe.

Die Explosion zündete rasch
auch die leicht brennbaren Erinnerungen an.
Sie flammten auf wie mit Benzin begossen,
und als ich mich davonmachte,
liefen sie mir nach.

Ein paar Schritt weiter stand früher die Bezovka,
dort wurde getanzt.
Über dem Eingang hing eine rote Gardine
mit goldener Bordüre,
und Papierrosen umwanden die Säulen.
Manchmal wurde im Garten gespielt,
und die Musik war hinter den geschlossenen Fenstern zu hören.

Das alles ist schon lange her
und hol's der Teufel.
Doch die Zeit des Tanzes hörte zum Glück nicht auf,
und das Lied tönt.
Liebe, bleibe bei mir
und schenke mir dein Lächeln
bis zum Tod.

                                                        (Ludvík Kundera)

Die Pestsäule

In die vier Himmelsrichtungen der Welt gewendet
vier demobilisierte Fürsten der himmlischen Scharen.
Und die vier Ecken der Welt
sind nebelverhangen
und versperrt von vier schweren Schlössern.
Der greise Schatten der Säule
taumelt auf der Bahn der Sonne
von der Stunde der Ketten
zur Stunde der Tänze.
Von der Stunde der Rose
zur Stunde der Schlangenzähne.
Von der Stunde des Lächelns zur Stunde des Hasses.

Von der Stunde der Hoffnung
zur Stunde des Nichts.
Und von da ist es nur ein Schritt
zur Stunde der Hoffnungslosigkeit,
zum Drehkreuz des Todes.

Unser Leben kommt nur mühsam voran
wie Finger auf Glaspapier,
Tage, Wochen, Jahre, Jahrhunderte.
Es waren Zeiten, da beweinten wir
die langen, langen Jahre.
Noch heute gehe ich gern um die Säule,
gewartet hab ich dort oft,
horchte, wie das Wasser
aus den apokalyptischen Mäulern spritzte –
sann dem koketten Spiel des Wassers nach,
bis ein Schatten auf dein Antlitz fiel.
Das war die Stunde der Rose.

Bitte, Junge, spring auf den Brunnen

und lies mir vor,
was auf den Steintafeln geschrieben steht.

Matthäus, der Evangelist, ist der erste:
      Wer aber unter Euch vermag
      dem Maß seines Lebens auch nur
      eine Elle hinzufügen?

Und was sagt der zweite, der heilige Markus?
      Ob sie die brennende Kerze bringen,
      um sie unter den Scheffel zu stellen
      und nicht auf den Leuchter?

Und Lukas?
      Das Auge ist des Leibes Licht.
      Aber wo viele Leiber sind,
      da sind auch viele Adler.

Und endlich, was sagt der heilige Johannes,
der Liebling des Herrn?
Die Schrift liegt verschlossen
auf seinem Schoß.
Die mußt du öffnen, mein Junge,
und wenn es sein muß, mit Gewalt.

Man taufte mich in der Pestkapelle
St. Rochus am Rande von Wolschan.
Sooft in Prag die Pest ausbrach,
verscharrten sie dort ihre Toten.

Einen über den anderen, in vielen Schichten.
Ihre Gebeine wuchsen mit den Jahren

zu wirren Scheiterhaufen,
die im zischenden Kalk verbrannten.

Immer wieder
kehrte ich an diesen Ort zurück –
aber der Süße des Lebens entsagte ich nie.

Ich fühlte mich wohl in der Wärme des menschlichen Atems,
und selbst wenn ich eilte,
riß ich den Geruch von Frauenhaar an mich.

Auf den Stufen der Wolschaner Schenken
lauschte ich in der Dämmerung
den Leichenwäschern und Totengräbern,
die ihre derben Lieder sangen.

Das ist schon lange her, die Lieder sind verstummt,
und die Totengräber
haben sich selbst begraben.

Zum Greifen nahe kam der Frühling
mit seinen flaumigen Federn und mit seiner Laute.
Oft stand ich vor dem Blumenbeet
an der Südwand der Kapelle –
und bezaubert von den zarten Blüten
dachte ich an Mädchen,
wie sie ihre Strumpfbänder
über die Lehnen der Stühle werfen.

Bis zu diesen Stühlen hatte ich es noch weit.
Fünf Schritte, gut gemessen.

Zuweilen hielt ich beim hölzernen Glockenturm
– auch er ist lange schon verstummt –
und blickte auf die zierlichen Figuren,

die unten im Friedhof, an der Malá Strana, standen,
trauernd um ihre Toten,
die sie verlassen mußten.
Sie kehrten sich von ihnen ab
mit einem Lächeln voll verblichener Schönheit.
Darunter waren nicht nur Frauen,
wenn ich mich recht entsinne –
auch Soldaten
mit Helmen und Waffen,
ich war schon lange nicht mehr dort.
Laßt euch nicht einreden,
daß die Zeit der Pest vorüber ist.
Noch sehe ich, wie man viele Särge
aus allen Stadttoren fährt.
Noch immer rast die Seuche, doch die Ärzte
geben ihr andere Namen,
daß keine Panik entsteht.
Es ist der alte Tod –
nichts anderes –,
dem keine Menschenseele entrinnt.
Sooft ich aus dem Fenster sehe,
ziehen die dürren Klepper den unheimlichen Wagen
mit dem schmucklosen Sarg.
Man läutet jetzt nicht mehr so oft,
malt keine Kreuze mehr an die Türen,
räuchert die Wohnungen nicht
mit Wacholder.

In die Wiesen, hinter Juliánov,
betteten wir uns gegen Abend,
als die Stadt ins Dunkel stürzte
und im toten Flußarm

Frösche ihr Klagelied begannen.
Eine junge Zigeunerin hockte sich zu uns.
Ihre Bluse war halb geöffnet,
und sie las aus der Hand.
Dem Halas-Franz, dem sagte sie:
     Du wirst keine Fünfzig alt.
Dem Černík-Artur:
     Du wirst ihn überleben, aber nur um ein kleines.
Ich wollte ihr meine Hand nicht geben.
Ich fürchtete mich.
Sie aber ergriff sie wütend
und schrie:
     Dich erwartet ein langes Leben!
Das war ihre Rache
und meine Strafe.

Viele Verse hab ich geschrieben, viele Lieder,
Krieg war in allen Himmelsrichtungen.
Ich aber flüsterte den Ohrringen, geformt wie Rauten,
Liebesgedichte zu.
Ein wenig schäme ich mich dafür.
Oder auch nicht.

Ich legte einen Kranz aus Sonetten
in den Bogen deines Schoßes.
So schliefst du ein.
Er war schöner als die Lorbeerkränze
der siegreichen Rennfahrer.

Einmal begegneten wir uns
an den Brunnenstufen,
jedoch ging jeder von uns
in eine andere Richtung – zu einer anderen Zeit –
auf einem anderen Trottoir.

Lange schien mir,
daß ich nur deinen Beinen begegne.
Manchmal hörte ich dein helles Auflachen,
aber das warst ja nicht du.
Und sogar deine Augen hab ich erblickt,
die aber nur ein einziges Mal.

Mein Rückgrat (dreimal betupft mit Watte,
die man in Jod und Alkohol getaucht)
war schon braun gefärbt
wie die Gesichter indischer Prinzessinnen,
die auf den Tempelstufen stehen,
wenn der bekränzte Zug der Elefanten
sich wiegend durch die Prunkstraße schiebt,
und eine der Prinzessinnen, die in der Mitte,
die Schönste, lacht mir zu –
was für ein Unsinn jagt mir durch den Kopf,
mir, auf dem Operationstisch liegend,
Morphium im Blut.

Schon leuchtet die Lampe auf.
Der Chirurg setzt das Messer an
zu einem langen, festen Schnitt.
Kurz erwacht,
schließe ich schnell meine Augen.
Doch vorher habe ich noch Frauenaugen gesehen

über einer weißen Gesichtsbinde
und muß lächeln.
Seid gegrüßt, ihr schönen Augen!

Schon binden sie meine Adern ab,
mit Klammern weiten sie den Schnitt,
der Arzt hebt den paravertebralen
Muskel ab
und legt den Wirbelknochen frei.
Ich stöhne leise.

Ich liege auf der Seite.
Die Schwester drückt meinen Arm
in ihren Schoß.
Ich halte ihren Schenkel umklammert
und presse ihn krampfhaft an mich
wie der Taucher die schlanke Amphora.
In diesem Augenblick
spritzt sie Pentotal in meine Adern.
Alles verdunkelt sich.
Auch die Lampe über mir.
Ich spüre nichts mehr.

Schwester, ich weiß,
es blieb ein blauer Fleck,
sein Sie mir nicht böse.
Schade, daß ich
die Beute meiner Tauchjagd
nicht länger in den Armen halten konnte,
einen kleinen Augenblick nur.

Das Schlimmste hab ich hinter mir,
– so tröst ich mich – ich bin schon alt.
Das Schlimmste hab ich noch vor mir,
ich lebe.
Doch daß ihr's wißt,
ich war auch glücklich.
Einen Tag, ganze Stunden,
oder nur wenige Minuten.
Das genügt.

Nie hab ich die Liebe verraten,
und wenn zarte Frauenarme
wie Vogelschwingen berühren –
wie trifft uns der Druck ihrer Schenkel.
Ich habe freudig ihre Kraft erprobt,
die zärtlich ist, wenn sie dich umschließen.
Und mögen sie mein Haupt zermalmen –
Ich will es!

Schlösse ich die Augen in dieser Umarmung,
mein Kopf wäre so trunken nicht,
der Puls schlüge nicht so schnell
in meinen Schläfen.
Warum sollte ich die Augen schließen?

Mit offenen Augen
bin ich durch unser Land gegangen,
das schön ist
und mir mehr bedeutet
als alles Lieben –
seine Umarmung dauert ein Leben lang.
Und wenn ich hungrig war,
nährten mich
die Worte seiner Lieder.
Die fortgegangen sind,

in aller Herren Länder sich verstreuten,
sie haben vielleicht schon erkannt,
wie feindlich die Welt sein kann,
sie können nicht mehr lieben
und werden nicht geliebt.
Wir aber lieben noch.

Mögen Frauenschenkel uns umfangen.
Dies ist die exakte Aufstellung der lenkbaren Raketen
                    (Missile)

Boden – Luft	Surface – to – Air
Boden – Boden	Surface – to – Surface
Boden – Schiff	Surface – to – Sea
Luft – Luft	Air – to – Air
Luft – Boden	Air – to – Surface
Luft – Schiff	Air – to – Sea
Schiff – Luft	Sea – to – Air
Schiff – Schiff	Sea – to – Sea
Schiff – Boden	Sea – to – Surface

Schweige, Stadt, das Wehr ist nicht mehr zu hören.
Und Menschen gehn und ahnen nicht,
daß über ihren Köpfen glühende
Küsse fliegen
zwischen den Fenstern von der Hand gesandt

Mund – Augen	Mouth – to – Eyes
Mund – Antlitz	Mouth – to – Face
Mund – Mund	Mouth – to – Mouth
und so weiter	And so on

Sie fliegen so lange, bis eine Hand die Jalousien
herunterzieht und das Ziel verdeckt.

Am engen häuslichen Firmament,
zwischen Nähkorb und Samtpantoffeln,
wächst der heiße Mond
ihres Leibes.

Die Lerche zählt bereits die Tage,
obwohl die Spatzen noch
im Schnee hinter den Eisblumen picken.

Aber im warmen Nest ihres Leibes
stellt einer schon das Federwerk
des kleinen Herzens.
Es muß genau gehen,
ein Leben lang.

(Peter Demetz)

František Halas

Vorfrühling

Vorfrühling gelblicher Gewässer
von Krähenschatten leicht gefleckt
Darüber neigen sie sich träumend
von Sog verführt erschreckt

Spritzt dein Schnee dein Schäumen
fasernd aus dem Grund
bis an diese Augen
von Erkenntnis wund

Lenden der Bäume die von Eis
bis ins Mark zerschlissen
bluten über Wassern
immer neu zerrissen

Der Stadt Prag
[1938]

Kleingläubige Die Zeit die Knochen frißt
Ihr gab sie Glanz
und aus den Klage-Stätten lichterte Geschrei
über den Steintext der Portale Mauern
So wird es immer sein
Kleingläubige
So wird es immer sein

Hinter den Pforten unserer Flüsse
harter Hufe Gedröhne
Hinter den Pforten unserer Flüsse

zerwuchtet von Hufen
die Erde
Die Reiter Johanni fürchterlich
schlenkern die Fahne

Leicht ist das Lorbeerlaub
Schwer ist der Schatten der Toten

Ich weiß ich weiß

Nein Keine Furcht nur keine Furcht
So eine Fuge selbst Sebastian Bach
gelang die nicht die wir hier spielen
Kommt erst die Zeit kommt erst die Zeit

Das Bronzepferd das Pferd das Wenzel reitet
das bebte gestern nacht
Die Lanze wog der Herzog in der Hand

Gedenket des Chorals
Kleingläubige
Gedenket des Chorals

Die alten Frauen
Linka und Antonín Procházka gewidmet

Traurig die Sonntagnachmittage
traurig wegen der alten Frauen
die schlurfen zu den Fenstern
den alten Weg den sie im Teppich ausgetreten
den alten Weg
zwischen Tisch und Bett
zwischen Spiegel und Photographien
zwischen Sessel und wächserner Palme

An die Rahmen der Fenster gestützt
schaun sie dann in die Straßen hinab
deshalb die Trostlosigkeit
nachmittag Sonntag
die Augen der alten Frauen
vom Weinen müd und scheu
trüb und gelassen
ihr Augen seid zum Untergang gekehrt

Ihr Nüsse kernlos
Ihr Schalen opferlos
Vorsäle der Ohnmacht
Fetzen alter Musik
Brünnlein verschüttet
Horizonte verdunkelt
Nacht ohne Dämmrung
Ihr Türen verfallen
Taufbecken trocken
Gewässer bildlos

Ihr Augen der alten Frauen
euch ist die Welt nichts mehr
euch ist das Schöne nichts mehr
euch ist das Häßliche nichts mehr
ihr Augen der alten Frauen
den Uhren folgt ihr nicht mehr
kehrt euch ab von den schwindenden Tagen
ihr Augen der alten Frauen

Die alten Frauen schlurfen zum Tode
und wo sie innehalten dort und hier
auf dem alltäglich ausgetretenen Wege
da ist nur Staub auf der Stickerei
da ist nur ein Zipfel des Bettuchs zerknüllt
da ist nur ein Brösel der fiel

nichts mehr bedeutets wenn sie halten
die Hände der alten Frauen
gelber als Lehm unter den Brettern des Sarges
offen und leer
ihr Hände zerschunden und verbraucht

Segelschiffe des Styx
im Beten Zwillingsgeschwister
Verdorbene Szepter
Nester der Krämpfe
Gras der Einöde
Ihr Beete der Adern
Fürbitterinnen wortlos
Fähnlein erschlafft
Helferinnen hilflos
Verschwenderinnen verarmt
Bürden traumlos

Ihr Hände der alten Frauen
raschelnde Blätter
von der Ungeduld des Morgens gewendet
von Martern gewendet
von Gebeten gewendet
ihr vergeßt so
die Nacken der Männer
der Kinder Haar
Ihr Hände der alten Frauen
nur mehr geschickt
das Tuch zu halten das die Tränen wischt
das Heiligenbild zu halten im Sarge
das Kreuz zu halten wenn man die Lider euch schließt
ihr Hände der alten Frauen

Die alten Frauen in ihrem Winkel
gebeugt vergessen von der Welt

die alten Frauen die Kinder verdorben gestorben
die alten Frauen sie warten nicht mehr daß die Tür knarrt
sie weinen weil die Augen siechen
Du Haar der alten Frauen
in schamhaften Strähnen
sie riechen grau
Du Haar der alten Frauen

Rauchsäulen dünn von niederschwelenden Scheiteln
Helme durchlöchert
Asche nach Festen
der Wetterhähne Geschepper
unschmelzbares Silber
verhüllendes Sargtuch
Mitgift des Todes
Trauer der Kämme
sprödes Geklöppel
die weiße Scham Vergänglichkeit

Du Haar der alten Frauen
du knisterst nicht mehr unter der kosenden Hand
niemand verbirgt mehr darinnen sein Haupt
niemandes Mund wird feucht in seinem Tau
der Nacktheit niemandes Gewand
niemandes Drängen mehr betört
du Haar der alten Frauen
der Wind zerzaust dich nicht mehr
die Minne entflicht dich nicht mehr
zu Bogen-Saiten gut
vielleicht für ein Begräbnislied
du Haar der alten Frauen

Die alten Frauen voll Dunkelheit und Abschied
die Hände gestürzt in den Schoß zwei tote Dinge verschränkt
im Schoß im Palast einst des Lebens

o Heimat des Lebens zerbröckelte Heimat
der First der Knie zerstört dort nistet Verwaisung
o meine alten Frauen dösend unterm Geschick
Schöße der alten Frauen
Damm kindlicher Klagen und Tränen
dämpfend die Seufzer der Männer
ihr Schöße der alten Frauen

Wiegen leer
Pfühle erkaltet
Grüfte der spielenden Liebe
Verzaubrung entzaubert
Behältnis betrübter Gebeine
Verstecke vergeßner Bewegung
Zelte entwurzelt
Brandstätten verweht
der Rosenkränze Asyl
Lager verlassen der Zukunft

Ihr Schöße der alten Frauen
niemandes Haupt ist mehr euere Last
hier liegen die Sorgen zu Haufen gehäuft
Süße ins Nichts von den Jahren verwandelt
nur Untergang sät seinen Samen darein
ihr Schöße der alten Frauen
sie wären nicht stark zu halten die Bürde der Liebe
dem Sterbenden selbst verschlüg es den Atem den letzten
greinen würde der Säugling
hier herrscht der Frost der Knochenmann
ihr Schöße der alten Frauen
gepaartes Glück der Schenkel aber kaum bindend
die berühmte Brutstatt des Daseins erkaltet
ihr Schöße der alten Frauen

Tote Nachmittage Sonntags
traurig in den Gesichtern alter Frauen
sie widerspiegeln nichts mehr
nur das Dahingehn nur Siechtum
keine Erinnerung nicht ein Erträumen
nicht Sehnsucht nicht Ahnen
aber das Alter den Wurm der noch schläft
Ihr Gesichter der alten Frauen
schwer hängt der Vorhang der Vergangenheit herab
schiebt nur beiseite die Haut da ist der Tod
ihr Gesichter der alten Frauen

Espen laublos
Monstranzen niemals erhoben
Mosaiken der Plage
Delta der Tränen
Masken verschoben
des Lachens Gräberfeld
Heraldik ohne Erklärung
Äpfel verschrumpft der Erkenntnis
Waben geplündert
Chroniken der Vergänglichkeit

Ihr Gesichter der alten Frauen
der Schatten uralter Berührung hat euch verdunkelt
der Schatten verlorener Küsse
verwittert Tränensalz die Landschaft der Demut
ihr Gesichter der alten Frauen

die Augen der alten Frauen
die Hände der alten Frauen
das Haar der alten Frauen
die Schöße der alten Frauen
die Gesichter der alten Frauen

O traurig die Sonntagnachmittage
auf dem Kreuz der alten Frauen

(Peter Demetz)

Herbst

Wie Münzen, hingelegt dem Blinden,
Bist du, mein Herbst, bereit,
Wie Münzen, hingelegt dem Blinden.
Du meine Zeit!

Ihr windigen, ihr kinderschönen Stunden!
Das Feldkraut raucht verdorrt.
Zu alten Stätten hab ich heimgefunden
Und sage dort:

Ich lieb den armen Herbst, die armen Seelen
Der Welt verlaß ich nicht.
O späte Zeit, mich ängstet sehr das Schwelen
Von deinem Licht!

O zahl mit dem Metall gefallner Blätter,
Was mir der Tag verweht,
Bewahre mich im unwegsamen Wetter,
Du mein Gebet!

Wie Münzen, leise hingelegt dem Blinden,
Bist du, mein Herbst, bereit,
Wie Münzen, leise hingelegt dem Blinden.
Du meine Zeit!

(Heinz Politzer)

Leise

Ein magrer Ährenhalm das ist dein Leib
dem das Korn entfallen und nicht keimt
wie ein magrer Ährenhalm ist dein Leib

Eine Seidensträhne das ist dein Leib
von Sehnsucht beschrieben bis zur letzten Falte
wie eine Seidensträhne ist dein Leib

Ein versengter Himmel das ist dein Leib
im Gewebe lauert die Totenfrau
wie ein versengter Himmel ist dein Leib

Gar leise ist dein Leib
sein Weinen macht beben meine Lider
wie leise ist dein Leib

(Otto F. Babler)

Regen im November

So ein Wasser
Qualenwasser Wasser Gram
so ein Wasser
das Pilatus zum Handwaschen nahm

So ein Wasser fällt

Und was willst du dir wünschen
verstört bis ins Innre des Leibs

wenn so ein Wasser fällt

Dies will ich mir wünschen
ein linderndes bißchen nackten Weibs
das noch zu mir hält

                                                                (Franz Fühmann)

Ganz herbstlich

Ihr Kleid war herbstlich
und ihr Haar war herbstlich
und ihr Auge war herbstlich

Ihr Mund war herbstlich
und ihre Brust war herbstlich
und ihr Träumen war herbstlich

Ihr Nabel war herbstlich
und ihr Schoß war herbstlich
und ihr Lächeln war herbstlich

Herbst war wie sie schmeckte
und Herbst war ihre Zärtlichkeit
und Herbst war ihre Furcht

Ganz herbstlich war sie
wie ein Allerseelengedicht

                                                                (Peter Demetz)

Vítězslav Nezval

Edison

I

Unsere Leben sind wie wenn man weinen will
Abends ging ein junger Spieler einst vom Spiel
Schnee fiel auf Monstranzen, die vor Schenken hingen
Feuchtigkeit in Winden war, die Frühling bringen
Doch die Nacht erzitterte wie die Prärie
unter Stößen der Astralartillerie
welchen an begossnen Tischen Trinker lauschten
die sich schweigend starr an Alkohol berauschten
und halbnackte Fraun im Pfauenfederkleid
Melancholiker mit ihrem ephemeren Leid

Doch was Drückend-Schweres
          schien im Raum zu schweben
Trauer Schwermut Angst vorm Sterben und vorm Leben

Auf dem Heimweg auf der Moldaubrücke wars
wie ich Lichtertrinker von den Uferbars
mir im Geiste kleine Arien sang vom Leben –
vom Hradschin, vom Dome schlug es Zwölfe eben
Todesmitternacht – auf meinem Himmel war
das Gestirn der lauen Nacht vom Februar

Doch was Drückend-Schweres
          schien im Raum zu schweben
Trauer Schwermut Angst vorm Sterben und vorm Leben

Und ein Schatten wars, was ich ins Wasser da
eines Lebensmüden Schatten, fallen sah

Doch was Weinend-Schweres war da, Unsagbares
eines Spielers Trauer und sein Schatten war es
und ich sagte, mein Gott, wer denn sind Sie, Herr,
er mit Trauerstimme, nichts, ein Hasardeur
doch was Traurig-Schweigendes war da und klagte
wie ein Galgen wars der Schatten, was da ragte
von der Brücke fiel der Schatten und ich schrie
nein, kein Spieler, nein, ein Selbstmörder sind Sie

Hand in Hand, gerettet beide, Nichts im Raume
Hand in Hand, so gingen wir in wachem Traume
dorthin, wo die Stadt als Vorstadt sinkt in Ruh
fernher winkten uns nächtige Fächer zu
über Trauermalen alkoholisch Reigen
und wir gingen Hand in Hand in schwerem Schweigen

Doch was Drückend-Schweres
        schien im Raum zu schweben
Trauer Schwermut Angst vorm Sterben und vorm Leben

Als ich aufgesperrt, das Gaslicht aufgedreht
führte meinen Straßenschatten ich ans Bett
Herr, sagt ich, es reicht für beide, Sie gestatten
doch von meinem Spieler war nicht mehr ein Schatten
War es nur ein nächtlich Wunder oder Schein?
An dem wohlvertrauten Bett stand ich allein

Doch was Drückend-Schweres
        schien im Raum zu schweben
Trauer Schwermut Angst vorm Sterben und vorm Leben

An dem Tisch voll Büchern, die ich manchmal les
schaute ich durchs Fenster zu dem Fall des Schnees
sah nach unten Flocken und nach oben schweben
in dem mir chimärisch eignen wehen Streben

Trinker von Nuancen, die uns fliehn ins Nichts
Trinker des in Schatten tief versenkten Lichts
denen Traum und Schlangen hörig, jener Frauen
Trinker und die ihrer Jugend Grabmal bauen
jener Grausam-Schönen, Zufall manchen Traums
Trinker des Entzückens, blutig rosigen Schaums
alles Drückend-Grausamen, das peitscht und beben
macht mich Trinker jener Angst vor Tod und Leben
Und ich öffnete, den Schatten zu entfliehn
eine Zeitung, die vor Tagen schon erschien
wo im Duft der Schwärze, der mich fast erstickte
ich ein großes Bild von Edison erblickte
Neueste Erfindung schrie es und er war
(Priester aus dem Mittelalter) im Talar
Doch was Drückend-Schönes
        schien im Raum zu schweben
Mut und Freude, so am Sterben wie am Leben

II

Unsere Leben sind so wie ein steiles Wrack
einmal fuhr ein Schnellzug, spät am Nachmittag
zwischen Kanada und zwischen Michigan
fuhr durch Pässe, deren Namen ich nicht kenn
Auf der Plattform ging ein kleiner Kondukteur
mit ins Aug gedrückter Kappe hin und her

Doch was Drückend-Schönes
        schien im Raum zu schweben
Mut und Freude, so am Sterben wie am Leben

Sein Vater fällte Holz, kannt sich im Handwerk aus
war Getreidehändler, hatt ein Farmerhaus

litt an dem, weshalb wir nirgends bleiben können
und er starb an Heimweh und an Jugendsehnen

Väterchen, du kanntest Sehnsucht und Verzicht
Asche bist du heut, ein Stern, ein flüchtig Licht
Vater, Roheit hast du überall gefunden
unter Farmern Schneidern unter Vagabunden
Du erfuhrst, was Hunger ist und Wanderung
ach, stürb ich wie Du, auch so gesund und jung
Doch was Drückend-Schweres schwebt im Raume eben
Trauer Schwermut Angst vorm Sterben und vorm Leben

Wer weiß wo dein Leib, und ob begraben, ruht
übrig blieb ein Posthumus von deinem Blut
Sieh, schon lernt in Kanada er deine Bücher kennen
Sieh, schon freut er sich aufs nächste Pferderennen
Wie er von Biographien gefesselt ist
Enzyklopädien und alte Epen liest
Sieh, er reifte, sieh, wie schnell die Zeit verronnen
Sieh, er spielt nicht mehr, hat mit Chemie begonnen

Ich war auch ein Held in meiner Kinderzeit
las auch Bücher Darwins, eifrig, weltbereit
spielt auch ernster als die andern Gymnasiasten
mit Chlorwasserstoff aus kleinen Schülerkasten
und mit Salmiak Runkorfspulen Erz und Stein
doch warum wollt ich auch Harfenspieler sein
doch wie kams, daß ich auch Leierkästen liebte
und die Rollen in den Märchenspielen übte
was mir drückend-schwer mit auf den Weg gegeben
Trauer Schwermut Angst vorm Sterben und vorm Leben

Thomas, nein, auch du warst nicht nur ganz Chemie
kennst die »Analyse der Melancholie«
Trauer Schwermut Liebe hast auch du erfahren

aus den tausend Büchern, die zu Detroit waren
und auch du fuhrst immer übers Meer im Traum
träumtest in dem primitiven Arbeitsraum
wo, gekoppelt an des Lastzugs letzten Wagen
Du die Zeitung machst, sie später auszutragen
Grand Trunk Herald! Große Presse im Waggon!
Kriege setzt und druckst du! Erdrutsch, Sensation!
Neue Nummer, rufst du! Kaufet! Frisch erschienen!
Brand in Kanada! Kurier der Philippinen!

Doch was Drückend-Schönes schien dich zu umgeben
Mut und Freude, so am Sterben wie am Leben

Einst warfst du dich vor den Zug in jener Zeit
und war keine Menschenseele weit und breit
von den Puffern zerrst du heftig einen Knaben
Ewig sollst du Dank für diese Rettung haben

Sieh, in eine Schuhfabrik sperrst du dich ein
wo Maschinen wie Vulkane Feuer spein
Wieviel Schweiß gabst du in jeden dieser Schuhe
Doch du fandest wie dein Vater keine Ruhe
Streichst von Farm zu Farm, lebst hie und da auf Borg
einmal fuhrst du aus Enttäuschung nach New York
irrst umher in dieser Hauptstadt ohne Bangen
fest entschlossen irgendetwas anzufangen
Möglich, daß du damals fröntest Trunk und Spiel
daß dort deine beste Kraft zum Opfer fiel

Aber etwas hat dich drückend-schön umgeben
Mut und Freude, so am Sterben wie am Leben

III

Unsere Leben sind ein großes Labyrinth
Einst schritt durch New York ein Abenteurer. Lind
schien die Mainachmittagssonne. Und im Gehen
hielt er inne und er blieb am Broadway stehen
vorm Palast des West Union Telegraph
wo es rauscht und schreit als wärens tausend Münder
Zeitungsjunge war er und dabei Erfinder

Tausende Erfinder haben Lärm gemacht
Sterne hat es nicht aus ihrer Bahn gebracht
Seht, die vielen Menschen, ruhig leben sie
nein, das ist nicht Arbeit, ist nicht Energie

Abenteuer wie auf hoher See allein
ins Laboratorium gesperrt zu sein
Seht die vielen Menschen, ruhig leben sie
nein, das ist nicht Arbeit, das ist Alchimie

Wie bei Zwergen sonntags ist mir in dem Saale
voll vom Klingelton der Telephonzentrale
Ihre Ohren hören Liebesflüstern, Flirt
Defraudanten, die man noch nicht eingesperrt
was die Gangster sprechen, was die Direktoren
alles was Groß Prag spricht hören Ihre Ohren

Spielzeug für die Welt ward so Ihr Trommelfell
Elektrizität im All und Sie ihr Quell
und Musikmotoren, Vögel, die Maschinen
fliegen zu den Sternen und zurück zu Ihnen
wie zu einem Vogelfreund im Vorstadthaus
rufen Ihren Ruhm in alle Welt hinaus
täglich nur fünf Stunden Schlaf, die Ihnen reichen
worin Sie dem Hasardeur ein wenig gleichen

Stets von neuem leben, leben in Manie
einst in Pennsylvanien erlebten Sie
eine schwarze Nacht und Ihre Bogenlichter
traurig wurden Sie, wie gestern ich, der Dichter
über dem Roman, den ich zuendgeführt
wies der Seiltänzer am End des Seiles wird
wie die Mutter, die es eben erst geworden
wie der Fischer nach dem großen Fischemorden
wie Verliebte nach der ersten süßen Nacht
wie ein Waffenträger nach durchkämpfter Schlacht
wie ein Weinberg, den wir nach der Lese schauen
wie der Stern, der stirbt beim ersten Morgengrauen
wie ein Mensch, mit einmal plötzlich schattenlos
wie ein Gott, der Rosen schuf und Nacht und Moos
wie ein Gott, dens drängt ein neues Wort zu künden
wie ein Gott, der stets von neuem muß erfinden
Kelche formend aus dem Hauch, der aus ihm dringt
was als Wolkenwasser auf den Acker sinkt

Doch was Drückend-Schönes
          schien im Raum zu schweben
Mut und Freude, so am Sterben wie am Leben

Und im Herbst desselben Jahrs, gebeugt von Müh
ernsten Schritts und nachdenklich durchmaßen Sie
im berühmten Menlopark die Arbeitsstätte
voll von Briefen, Gaben, allerlei Geräte
und die Daumen drehend wie mans träumend macht
hatten plötzlich Sie aus Kohlenstoff erdacht
unsrer Nächte Licht, bei dem wir nächtlich tagen
trüber Schatten Geißeln, die sie uns verjagen
gleißendes Getier auf traumhaften Alleen
Engel, welche über Straßentafeln stehn
Rosen über Restaurants Cafés und Bars
Wasserspiel der Nacht im Dunkel der Boulevards

Rosenkränze, die wir auf den Brücken schauen
Heiligenschein von armen alten Straßenfrauen
Kränze über Schloten jener Dampfschiffriesen
Tränen, die von oben in den Hausflur fließen
auf den Katafalk der Stadt, die sie verzehrt
auf die Dome, die wie Mumien unversehrt
auf Cafés, wo seichte Seelen Rauch bereiten
auf die Weine, deren kalte Ewigkeiten
auf den Katafalk der Stadt, die Moder haucht
meiner Seele Leier, Leier, die mißbraucht
die ich Traumlichtbettler, Liebebettler spiele
stets die Masken wechselnd spiele weine spiele
leidenschaftlich, Wahnprinz, König wirrer Qual
und der Orgienstadt mit Namen Balmoral
durch sein Tor ich schreite, träumend zwischen Fahnen
unter mir das schwarze Meer von Untertanen
Mörder-Fürsten und hysterischem Getanz
bunten Rädern an den Droschken schrillen Wahns
von Sadismusleidenschaft bei Glockentone
Lusthauch wehend heiß von Betten auf Balkone
Trinker grausam-schöner Frauen manchen Traums
Trinker des Entzückens, blutig-rosigen Schaums
alles Drückend-Grausamen, das peitscht und beben
macht mich Trinker jener Angst vor Tod und Leben

IV

Unsere Leben schwinden, kehren nie zurück
wir vergehn wie Licht verlöscht, ein Augenblick
Eintagsfliegen gleich und Blitzen kurzer Träume

Schon erscheinen Lichter in dem Laub der Bäume
schon erbebt elektrisch Draht im Frost wenns schneit
schon naht sich der lichten Promenaden Zeit

schon wird Seelen man mit Roentgenstrahlen sehn
wie die Ichthyosaurier unterm Neogen
schon naht sich der goldne Zeiger gegen Früh
schon erleben wir Kinematographie
schon verjagt ein Schalter uns, die wir gefürchtet
    hatten
des gespensterhaften Spielers böse Schatten
schon sehn wir Verehrung, die man rings bezeugt
schon wie Edison sich seinen Gästen beugt

Traurig ist die Seele wieder nach dem Feste
wieder bei der Arbeit, schon sind fort die Gäste
ach wie viel Erfinder haben Lärm gemacht
was die Sterne nicht aus ihrer Bahn gebracht
Seht die vielen Menschen, ruhig leben sie
nein das ist nicht Arbeit, ist nicht Energie
Abenteuer ists, auf hoher See allein
ins Laboratorium gesperrt zu sein
seht die vielen Menschen, ruhig leben sie
nein, das ist nicht Arbeit, das ist Poesie

Absicht, Zufall ists und Sache des Verstands
Präsident zu werden seines Vaterlands
Dichter, der sich unerreichbar stets vollendet
Vogel, der die Mandel aus dem Kern entwendet
Glücklich stets zu nützen Launen des Hasards
und den Menschen zu entdecken auf dem Mars
Äpfel fielen auf die Nase vielen Leuten
und nur Newton wußt die Beule auszubeuten
tausend Epileptiker erlitten laut
was als Hostie nur Paulus hat geschaut
tausend Taube ohne Namen irren zweifeln hoffen
und nur einer unter ihnen war Beethoven
tausend Tolle herrschten über manches Land
und nur jener Nero steckte Rom in Brand

tausende Erfindungen in der Saison
aber eine nur ist die von Edison

Wieder keinen Schlaf, nicht Ruhe früh noch spät
alles wird verbrannt, was in die Hand gerät
Jute, Affenhaar und Saiten von Violen
trockne Palmenblätter, alles muß verkohlen
Wieder kommts, daß ich Sie zweifelweh
überm Bambus eines Japanfächers seh
Herr, der Liebesfächer ists, den Sie bekamen
einmal von der einen der maskierten Damen
die Sie, lang ists her, auf einem Balle sahn
ach wer war das nur, Herr, strengen Sie sich an
Von dem Duft am Fächer seh ich Sie sich trennen
wieder wird verbrannt, ach schon seh ich ihn brennen
ach vielleicht wars eine Ihrer Schicksalsfeen –
wieder sich den Wecker stellen vorm Schlafengehn
wieder zu Retorten, wieder ein Kolumbus
wieder leidenschaftlich jagen nach dem Bambus
und das ganze Land durchreisen kreuz und quer
wo das magische Holz von deinem Fächer wär
wies im Goldhaarmärchen jene Sucher taten
wie der Taucher nach der Perl im Wimperschatten
wie auf finstrer Appia Christus hellen Blicks
wie im Opiumnebel Sucher ihres Glücks
wie der ewige Jude auf der langen Reise
wie die Mutter, irrend auf dem Friedhof, leise
hoffend auf ein Stimmchen aus dem Grab vom Kind
wie die Aussatzkranken heilungssüchtig sind
wie den Gott die Pilger suchen, ihn erdürsten
wie die Götter Tod, wenn sie vor Alter dürsten
blinde Dichter Wahrheit eigenen Gesichts
Wanderer den Anblick des polaren Lichts
wie der Tor im Geist das Leben nach dem Ende
wie das Kind die Lerche, voll von Lehm die Hände

Sie entschwanden Ihnen nach Brasilien
Japan, nach dem Lande der Magnolienblüten
nach Havanna, sterben an des Fiebers Wüten
wie bei den Wilden stirbt der Missionär
und, mein Herr, Sie lächelten gewiß, mein Herr
auf dem Pferdchen unterm Bambus übers Sterben
Schon gibts zwölf, die sich um Ihren Platz bewerben
schon sind ihre Rucksäcke bereit gemacht
fast zwei Jahre hat Mac Gowan dort verbracht
schlug sich durch zum Amazonenfluß, dem großen
dessen Wasser ohne Anfang endlos flossen
schlug sich oft durch Abenteuer durch mit Not
in den Strudeln ihrer Wasser voller Tod
holte sich von gierigen Nuggatsuchern Wunden
kam dann nach New York, ist ohne Spur verschwunden

Wie euch lieben, Wege, zielversunkene
euch ihr Tropennächte, sonnentrunkene
dich, der Lichter Licht, dich Nacht der Bitternisse
dich du Licht, ertrunken in dem Grund der Flüsse
euch, die ihr so heiter starbt, so seelenreich
Bambusengel wird ein jeglicher von euch
ich gedenke euer, doch ich hör ein Klagen
wieder neue Schalter, daß wir nächtlich tagen
wieder auf den Grund von der Retorte gehn
wieder neues Werkzeug, neue Schrauben drehn
seht, wir altern, wie die Zeit geschwinde schwindet
wieder Alchimie und man erforscht, erfindet
seht, wir altern, achtzig Jahre sind Sie alt
sehet, wie ein Turnfest, seht den Fahnenwald
Ihre Hände bleich gleichwie zwei weiße Kreiden
ach, ich wollt ein Totenlied doch noch vermeiden

Noch vor sich beständig seinen Schatten sehn
noch vor Gläsern im Laboratorium stehn

noch schält wieder sich die Haut von Ihren Händen
noch die Wege finden, die in Grüften enden
ohne Ruhe noch, noch singend manches Lied
noch Magnet sein, noch der Menschheit Perisprit
noch vergessen alles Drückend-Schwere, streben
nach Vergessen jener Angst vor Tod und Leben

V

Unsere Leben haben etwas Zärtliches
Nachts einst bei den Büchern, die ich manchmal les
wars, daß ich im Dufte, der mich fast erstickte
Schnee und jenes Bild von Edison erblickte
(kurz nach Mitternacht und spät im Februar)
und daß der, mit dem ich sprach, ich selber war
war, wie welche starken Wein getrunken hatten
daß ich sprach mit meinem abwesenden Schatten

Als Refrain klang ständig mir ein langer Ton
auf den Zehenspitzen ging ich zum Balkon
vor mir zitterte das Lichtermeer im Weiten
glänzte über Betten mit erschöpften Leuten
doch die Nacht erzitterte wie die Prärie
unter Stößen der Astralartillerie
und ich lauschte schweigend einem Turmgeläute
schaute auf die Schatten in der Uferweite
Schatten Lebensmüder, die nicht Hilfe schaun
Schatten müder alter armer Straßenfraun
Autoschatten Gängerschatten überfahrend
Schatten armer Teufel ohne Obdach starrend
Schatten Buckliger in dunkler Straßentür
Schatten voller rotem Syphilisgeschwür
Schatten von Erschlagenen, die ewig müssen
irren um die Schatten Totschlag und Gewissen

Schatten, eingehüllt in Militärgewand
und der Trinker, welche Liebe überwand
Schatten Heiliger, gewandelt in Poeten
Schatten jener immer von der Lieb verschmähten
Meteorenschatten, Frauen, die wir fallen sehn
Spröde Schatten ehebrecherischer Feen

Doch was Drückend-Schönes
          schien im Raum zu schweben
das Vergessen allen Wehs in Tod und Leben

Sein Sie schön und sein Sie traurig, gute Nacht
Hellere als Meteore, deren Macht
wir in schwülen lichten Nächten einst erkannten
Reflektoren, frei von Schatten, die uns brannten
Geißeln, die uns trieben bis man nichts mehr weiß
Auf Wiedersehn Signale, die ihr am Geleis
mich wie warme Rosen lockt in weite Ferne
Auf Wiedersehen, Küsse meiner Seele –: Sterne
öffnend jenes Bad mir in der Gärten Luft
voll von dunklen Balsamen und Nelkenduft
Fahrten auf den lichten Flügeln der Avione
auf Wiedersehen, grause Lust der Edisone
Quellen der Naphthabrunnen, Ruhmraketen ihr
Länder voller Adel ohne falsche Zier
Auf Wiedersehen, Sterne, die von Türmen gleiten
Auf Wiedersehen, Schatten in den Uferweiten
Schatten der Zeit, für welche keine Arzenei
süße Schatten von Erinnern, Träumerei
Schatten Himmelblaus im Auge schöner Frauen
von Sternschatten Schatten, die im Traum wir schauen
Schatten namenlosen Fühlens, unerwacht
Schatten flüchtige wie Echo in der Nacht
Schatten, die opalisierend Teints bewohnen
Schatten ausgeatmete von Embryonen

Schatten betende von Müttern für den Sohn
Schatten aus der Fremde, fremder Stadt Vision
Schatten, die mit Lüsten Schlaf von Witwen stören
Schatten großen Heimwehs, Schatten von Chimären

Sein Sie grausam, guten Tag, und sein Sie schön
Schönere als Frauenschwur, Sterntränenseen
Lieb, mit der ich auf dem Bergesgipfel stand
und der Meteore Sternennester fand
Auf Wiedersehen, Schönere als Traum und Feen
Wieder sich den Wecker stellen vorm Schlafengehn
Sieh mein Freund, so ruhig leben sie
nein, das ist nicht Arbeit, das ist Poesie
Wieder wollen im Traum die bleiche Lilie
wieder täglich gehen in das Stammcafé
wieder täglich meinen kleinen Schwarzen trinken
wieder traurig sein und irgendwie versinken
wieder keinen Schlaf, nicht Ruhe früh noch spät
wieder brennen, was nur in die Hand gerät
wieder Töne hören des Weinens, das vergraben
wieder seinen Schatten (Spielers Schatten) haben

Unsere Leben, Nacht und Tag und Morgengraun
Auf Wiedersehen, Sterne, Münder schöner Fraun
Tod im Frühlingsblütenschnee, auf Wiedersehen
Auf Wiedersehn, ade, ade, auf Wiedersehen
Gute Nacht und guten Tag, auf Wiederschaun
gute Nacht
süßer Traum

                                        (Otto Eisner)

Ein Tuch weht ade

Ade und wenn wir uns niemals mehr sehen sollten
es war doch Glücks genug und es war wunderschön
ade und wenn wir uns für einst besprechen wollten
es kommt ein anderer, es gibt kein Wiedersehn

Und es war wunderschön, ach alles hat sein Ende
Still Sterbeglöckchen still, ich kenn dein Traurigsein
ein Kuß, Sirenen, Tücher, ausgestreckte Hände
man lächelt noch einmal und dann ist man allein

Ade und wenn danach in Schweigen wir verharrten
blieb doch ein Stück Erinnerung – nicht alles schied
so luftig wie das Tuch, einfach wie Ansichtskarten
betörend wie ein Duft von Goldregen, der blüht

Und habe ich gesehn, was andere nicht gesehen
wärs besser. Schwalbe, die du Heimat suchst, hab Dank
du zeigtest mir den Ort, wo deine Häuser stehen
Dein Schicksal ist der Flug, mein Schicksal der Gesang

Ade und wenn mit nichts wir mehr zusammenkämen
wärs arg. All meine Hoffnung bliebe hier zurück
Wolln wir uns wiedersehn, wolln wir nicht Abschied nehmen
ade, es weht ein Tuch! Erfülle dich, Geschick!

(Hans Schönhof)

Jiří Wolker

Die Dinge

Ich liebe die Dinge, die stummen Gefährten,
denn wir nehmen sie so,
als lebten sie nicht,
dabei leben sie doch und schauen uns an,
schauen mit treuem Hundeblick
und leiden,
weil keiner zu ihnen spricht.

Sie zögern, zuerst das Wort zu nehmen,
sie schweigen und warten und schweigen
und sehnen
sich doch zu erzählen wie wir.

Drum lieb ich die Dinge,
das Heute, das Hier.

(Manfred Jähnichen)

Der Postkasten

Der Postkasten an der Ecke der Straße
ist nicht ein beliebiges Ding.
Blau blüht er,
die Leute schätzen ihn sehr,
vertraun sich ihm ganz an,
werfen von zwei Seiten die Briefe hinein,
auf der einen die traurigen, auf der andern die frohen.

Die Briefe sind weiß wie Blütenstaub
und warten auf Züge, Schiffe und Menschen,

damit die ihn wie Hummeln oder Wind in die Weite tragen,
– dorthin, wo Herzen sind,
rote Wundmale,
verborgen in Rosenblust.
Wenn ein Brief auf sie fällt,
wachsen daraus Früchte,
süß oder herb.

Demut

Ich werde klein und immer kleiner,
bis ich der kleinste bin auf der Welt.

Am Morgen, im Sommer, zwischen Wiese und Feld
vor der Blume, da mach ich mich ganz gering.
Ich umarme sie und flüstre ihr zu:
»Barfüßiger Junge du,
schau,
die Hand des Himmels schmiegt sich im Feld
an dich mit einem Tröpfchen Tau –
still, daß er nicht zerfällt!«

(Josef Mühlberger)

Die ferne Geliebte

Bei mir zu Besuch waren gestern
alle Sterne,
– der Mond hatte sich in den Lehnstuhl gesetzt,
und als wir so sprachen, da fragte ich ihn,
hast du vielleicht meine Liebste gesehn?
Da standen alle auf
und gingen sie suchen.

Sicher sind sie weit, weit fort gegangen,
denn keiner konnte mir Nachricht bringen.
Der Regen hat sich in das Dunkel eingehangen,
und ich muß Abschied nehmen von den Dingen:
Geige, Bücherregal und Schreibtisch,
der Herrgott schuldet mir ein Mädchen,
rotbackig und frisch,
wo mag es nur sein?
Die Sterne und der Mond sind so schrecklich alt,
ich glaube, sie werden das Mädchen so bald
nicht finden...

Drum geh ich allein.

(Manfred Jähnichen)

Der Birkenhain

Wenn ich einst heirat,
will ich zwölf Söhne haben,
zwölf Söhne, zwölf Birken helle.
Und meine Frau zwischen ihnen
leuchtet dann wie eine Kapelle
im grünen Birkenhain.
Da will ich vor ihr
im Moos
nur eine Betbank sein
und süße Kranzjungfern, die süßen Enkelinnen
demütig kommen dann, auf mir zu knien,
und beten werden sie
ihr zartes kindliches Gebet,
die Augen unschuldig rein.
So wird es sein.
Und wenn der Tag dann langsam geht,

kommt vorbei der liebe Gott.
Und ißt mit uns sein Abendbrot...

(Ladislav Nezdařil)

Hotelzimmer

Ein kleines Zimmer für sechs Kronen,
Nummer fünfundzwanzig,
mit Blick in den Hof, Waschtisch und Bett,
auf dem wackligen Stuhle sitzt es
und schaut
wie die alte Jungfer,
die viel gesehen, nie geliebt hat und nie geliebt worden ist.
Wer für die Nacht schon zu Mittag kommt,
setzt sich aufs Bett, die Hände in den Schoß gesenkt
und denkt,
wer da so könnt,
wer da so wohl aus der fremden Stadt
kommen könnt, und lächelte ganz umsonst,
sagte was Gutes, Helles und Warmes,
damit auch die traurigsten Dinge in dem Zimmer erwachten
und merkten, daß doch nicht alles so ist, wie sie dachten.

(Josef Mühlberger)

Ballade von den Augen des Heizers

Stumm die Fabrikstadt – wie unbewohnt,
schon schliefen die Sterne ein rings um den Mond,
ein Haus nur, ein einziges, wacht in der Runde
mit offenen Augen zu nächtlicher Stunde,
mit feurigen Augen, die schrein in die Nacht,
daß nahe bei ihnen, an Kessel, Maschinen und
    Feuerungsschacht,

zehn Mann sind auf Schicht, die mit schwarzem Gesicht
ihre Hände und Augen verwandeln in Licht.
»Anton, Heizer im E-Werk,
leg nach!«

Anton – wie damals, vor fünfundzwanzig Jahren,
öffnet den Ofen mit Eisengeschell,
aufbraust vom Feuer mit lodernden Haaren
der Glutstoß, sein roter Gesell.
Anton, mit Händen wie ausgeglüht,
schaufelt die Kohle, der Funkenbaum blüht,
und weil nur vom Menschen das Licht kommt, das frohe,
wirft stets er ein Stück seiner Augen zur Lohe,
und die Augen – wie Blumen, nur leuchtender noch –
tragen ihr Licht durch die Drähte hinaus
in Cafés und Theater, am liebsten jedoch
über den Tisch der Familie zu Haus.

»Genossen, Männer vom E-Werk,
ich hab eine komische Frau.
Sie weint, wenn ich ihr in die Augen schau,
und sagt, daß ich wie verwandelt wär,
sie fänd meine alten Augen nicht mehr.
Damals, als wir zum Altar gingen,
hätt ich Augen gehabt wie Brotlaibe groß,
jetzt fände sie in den Augenringen
zwei Krümel bloß.«

Da lachen die Männer, auch Anton lacht,
ihrer Frauen gedenkend hier in der Nacht,
von elektrischen Sternen erhellt.
Wie oft wohl schon haben die Frauen gedacht,
der Mann käm für sie nur zur Welt.

Und wieder – wie einst, vor fünfundzwanzig Jahren,
stößt Anton die Tür auf, die Schaufel ist schwerer nur.
Schwer kommt der Mann solchem Wort auf die Spur,
Frauenwort – Wahrheit, nur anders erfahren.
Doch mahnt es vergebens, er legt wie im Bann
die Blüte der Augen aufs glühende Beet,
denn weit seine Augen, so schreitet der Mann,
damit zwischen ihnen die Erde sich dreht,
so fährt er ihr Leuchten, von Liebe belohnt,
ein in zwei Tore wie Sonne und Mond.
Und plötzlich sah Anton die Tage vom Leben,
die tausenden, die er dem Feuer gegeben,
das mit glühender Klinge die Augen zerschnitt,
zum Sterben genug für den Mann, der's erlitt,
und da schrie er unendlich, die Nacht im Gesicht:

»Blind bin ich, Männer,
ich sehe euch nicht!«

Sie liefen herbei,
entsetzt von dem Schrei,
und führten ihn sacht
durch zweifache Nacht.
Auf der Schwelle der einen
stöhnt die Frau mit dem Sohn,
auf der Schwelle der andern
stehn die Himmel schon.

»Anton, mein Lieber,
Anton, mein Mann,
wie kommst du mir wieder,
was tust du uns an?
Warum hast du sie
nur geliebt, dieses Ding,
diese Liebste aus Eisen,

die dich herzlos umfing?
Warum steht der Mann
zwischen zweien, warum?
Stirbt an der einen,
bringt die andere um.«

Nichts hört der Blinde – die Finsternis dringt
ein in ihn, strömt ihm ins Herz, und er sinkt,
und die Liebe, die heiß er empfand, die ihn band,
schwingt auf sich, zu suchen ein andres Gewand.
Ein Lämpchen doch hängt über Blindheit und Weinen,
das fröhliche Lämpchen sind Augen – die seinen,
die deinen, sie haben der Welt sich gegeben,
um klar sie zu sehen und immer zu leben,
du bist's, der Heizer, den Plagen entstiegen,
und siehst dich, erblindet und müde, hier liegen.

Der Mensch verstummt,
sein Werk erklingt,
Anton stirbt,
die Glühbirne singt:

Nicht weinen, Frau,
nicht weinen!

(Reiner Kunze)

Epitaph

Hier ruht der Dichter Jiří Wolker. Er liebte die Welt,
zog aus, sich für das Menschenrecht zu schlagen.
Bevor er noch das Herz, das blanke, zückte,
lag er, kaum vierundzwanzig, auf dem Schragen.

(Peter Demetz)

Konstantin Biebl

Dschungel

Keinen größeren Taumel kenne ich als die Tropennatur
Freieres Getier und größre Verwirrung
Wenn der Tiger auftaucht
In blutigen Fetzen des nahenden Morgens
Welche Menschennester in den Baumwipfeln im Urwald
Wo er auf verwachsenem Pfade
Anhebt seine Jagd und wenn die Farren sich rühren
Ein Pfeil so leicht niederschwirrt
Bald verlierst bald findest du wieder
die verschwundene Spur
Welch empfindsame Flora
In diesem jungfräulichen Herzen der Tropen
Und eh' es Tag wird über dem grünen Dschungel
Der Ballettschule der Falter
Rührt sich auf seinem Aste
Einer der herrlichen Vögel
Und hebt an zu rufen
In gelben und violetten Äquatorskalen

(Otto Pick)

Orient

Immer schon hab ich die Köchinnen
Um Muskat Vanille Zimt beneidet

Auch liebe ich Weihnachten so sehr
Diese mohammedanischen Feiertage

Abends zur Weihnachtsstunde teilte
Mutter langsam die Goldorange
In zwölf krumme türkische Säbel

Und bescherte jeden von uns

(Franz Fühmann)

Javanerinnen

Morgens Ananasfrüchte tragen sie zum Basar
duften sollen die Hände davon
wenn sie zur Nacht aufflechten
ihr Haar

Aufflechtend mit ihrer Hand
aller Javanerinnen Unglück und Glück
sitzen sie schweigend vor ihrer Hütte im Sand
richten den Blick aufs Meer
und führen den Kamm zurück

(Johannes Bobrowski)

Patienten

Mein Vater war ein Landzahnarzt
Das Lächeln der Mädchen hat er vergoldet

Mit Goldplomben prahlen die Bauern zur Ernte

Es kommen Patienten aus Auen und Weilern
von Donín Kystra und Volenice
der traurige Lehrer die Frau mit dem Linksgesicht
vermutlich hat sie eine Gangrän

Es kommen mit der Mutter kleine durchsichtige Mädchen
die tragen im Haar die gleiche Schleife
sie sind Schwestern und es schmerzen die Backenzähne

Wer kam kannst du am Klingeln erkennen
auch wenn er den Knopf nicht drückte nur hinter der Tür stand

Anders läutet der Pfarrer in der langen benäßten Kutte
Du erkennst Diese Hand ist gewohnt die Silbermonstranz
    hochzuheben
er läutet so würdevoll und faul eine halbe Minute

Dienstmädchen und Ausgedinger rühren die Klingel nicht an

Der Dorfbursche traut sich der kommt direkt vom Feld
läutet dreimal wie ein Feuermelder
stapft direkt in die Ordination
und Mütze auf dem Kopf in den Sessel fällt er
sperrt sein rosa Maul auf und sagt keinen Ton
wenn man ihm auch alle 32 ausriß der Held

Und der Krieg ist gekommen und mit der Post ist Vater ein
    Paket mit deinen Kleidern gekommen
und keiner von uns vermochte die Schnur aufzuknüpfen
und keiner hat auch nur einen Wattefaden vom Rock
    genommen

Zu deinem Gedenken stellten wir alles unberührt weg
Den Mantel mit den Höllensteinlöchern den Säbel das
    Zigarettenetui
und drin eine einzige: eine deutsche

auf dem Mundstückgold einen braunen vertrockneten Fleck
                                                    (Franz Fühmann)

Spiegel der Zeit

Jede Weile schaust du auf die Uhr
Als gingst du auf und ab auf dem Perron
Und die Sekunden verrinnen
Es ist sieben Uhr
Es beginnt zu regnen
Und alle Fenster im ersten Stockwerk
Werden plötzlich zum Orient-Expreß
Doch nichts ereignet sich außer Schnelligkeit
Du fühlst wie dein Gesicht langsam Spiegel der Zeit wird
Halb acht! Dein Haar beginnt zu ergrauen
Uhr Theater des Grauens
Der Regen hört auf
Es ist acht Uhr
Endlich kommt irgend eine Greisin

(Anonym)

Josef Hora

An der See

Die See, sie sagte nicht: Sieh, ich bin schön!
Die See, sie sagte: Erzähle
mir, Fremdling, was du an Schönstem birgst
im tiefsten Grund deiner Seele.

Zu Hause die Straßen, sie sagten das nicht,
zu Hause die Straßen, sie fragten
nach ihrem Reichtum, nach ihrer Pracht,
nach ihrem Volk, dem geplagten.

Die See, sie hob nicht ihre Brüste stolz
wie ein Weib, das den Mantel zurückschlägt,
die See, sie umfing mich mit lindem Arm:
Sag mir, wo dein Herz sein Glück trägt.

Zu Haus hab ich nur an die Straßen gedacht,
an Messer, im Streit wild erfaßte,
an Polizei und blutigen Spuk,
und ich haßte und haßte und haßte.

An der See die See, ich sah sie nicht.
In den Wellen die Wellen, ich hörte sie nicht.
Eine Linde fern in der Heimat sah ich,
mit tausend Lippen küßte sie mich.

In Gefahr

Langsam tu ich das Fenster auf und schau,
ob sich der Himmel durchs Gewölk schon reckt,
und seh: Ein Kindlein klimmt hangauf ins Blau,
die Ärmchen wie ein Kreuz weit ausgestreckt.

So wächst ein Mensch, da die Boulevards empor
der Schritt der Massen dröhnt ins Morgenkühl.
Ihr Frühlingsregen! Durch den Wimpernflor
wie viele Maien sah ich tauen, wieviel!

Der Trommler trommelt, die Trompeten plärrn,
ein Seufzen hält die Hände fest der Fraun.
Komm, Totengräber, komm! Zwar ist dein Herr noch
    fern,
doch trägt uns schon zu Grab des Traumbilds Graun.

Die Schaufel zögert mit den bröckelnden Schollen,
und über ihren ungleichmäß'gen Takt
falln Rosen, und die letzten Lichter rollen
aus der Laterne, die erlöschend blakt.

Nein! Leben, nicht den Tod schau ich in meinem
Erinnern! Da, als es vor Angst noch schrie,
das leidbekränzte Elend fand an seinen
Lippen den Schlüssel einer Melodie.

Mag die Trompete gelln dort auf dem Hügel,
schlief, fortgeworfen, auch das Püppchen ein,
der Flieger flieht, schon tragen ihn die Flügel
über die Elbe, jetzt schon übern Rhein.

Grüß mir, Pilot, die Städte stolz am Meere!
In meinem wirren Schlaf Traumbilder glühn

wie du Pfingstrosen schüttest auf die Heere,
die durch die Boulevards in den Morgen ziehn.

(Franz Fühmann)

Das Land, dem wir entsprossen

Das Land, dem wir entsprossen, ist das allerschönste,
und fänd man auch nichts an ihm.
Die Augen meiner Jugend kränzen es,
mein Blut durchströmt es.

Die Lerche, die sich dort aus der Furche schwingt und singt,
ist die Blüte meines Herzens.
Und am Abend bin ich es, der diese Erde bedeckt,
ich, das Zirpen der Grillen.

Die Liebenden am Feldrain, den Mond im Rasen, –
scheuche sie nicht, Wachtel, Erschreckte.
Süße Schatten des Schlafs nieseln auf mich
aus deinen Sternen, aus deinen Pappeln und Linden.

(Louis Fürnberg)

Zeuge im letzten Kampf zu sein

Zeuge im letzten Kampf zu sein,
zu dem nun die Trompeten blasen!
Solls mehr? Mein Augenpaar allein
möge das Schicksal mir belassen.

Zeuge der Welt zu sein; erstehen
wird sie aus Unheil, Macht, Gefahr!
Dies nur zu sagen und zu sehen:
Gut, daß ich bin und daß ich war.

(Uwe Grüning)

Karel Toman

Heimweh

Mondlicht zu Boden fällt von allen Wänden.
Ich sitz am Herd, den heißen Kopf in Händen,
und denk der Heimat viel.

Katzen-Erotik wütet draußen böse.
Und aus der Glut sich Jugendtage lösen,
Tanz, stummes Szenenspiel.

Nicht eine Furche auf den schwarzen Breiten
zog ich feldein in morgendlichem Schreiten,
hab nie ein Korn gesäet.

Wenn bangen Blickes und in stummer Trauer
ob deinen nackten Brachen standen Bauern,
war fremd mir ihr Gebet.

Und heut ist's bitter in mir aufgequollen,
spät ist mein Schmerz, weit meiner Kindheit Schollen,
doch nicht umsonst er sei.

Mir ist so bangebang nach deinen Liedern,
den dunklen Blutzauber der Rasse zu erwidern,
der meinen Schmerz mir fei' –

Heerscharen

Wenn Frühling wiederkommt
und weiß den Baum bestellt,
wir, armes Geschmeiß,
teilen wieder die Welt.

Wir sind wie Meerflut,
sind Stoff und sind ein Traum
und Sonne leuchtet
auch uns in den muffigen Raum.

In die Sonne hinaus,
wenn Blüte den Baum erhellt.
Wir, armes Geschmeiß,
teilen wieder die Welt.

Unser Traum ist ewig,
das Sein im Nu verweht.
Und jede Mutter
mit dem Traum wieder schwanger geht.

(Pavel Eisner)

Oktober

O Gott der Reben, der die Sonnenflut
herab du sendest auf die vollen Trauben,
die goldnen Trauben, violetten Trauben,
erbarm dich.

Auf warmen Hängen heben sich nach dir
die Sträucher innig wie im Tanze wehend
und singen, schmeicheln, flüstern und beschwören

um Feuer dich, um spenden es zu können,
um Luft, daß sie erblühe in den Augen,
die Leids erloschen.

Matt sind wir allzumal,
zu deinem Ruhme lieben wir die Rebe
und unser Herz kann beten nur aus dem Pokal.

(Rudolf Fuchs)

Nicht eine Hand...

Nicht eine Hand, es ist ein Blatt,
welches der Wind mir auf die Decke wehte.
Nein, auch kein Blatt, sondern ein Pergament
und drauf die Landkarte von Tod und Leben,
ein Strichgeflecht und blaue Gabelungen.

Welches ist der Fluß Lethe?

Welches ist der Fluß Lethe,
welcher den Schlaf bringt und Vergessen macht?

Heimat, oh Heimat...

Im wilden Weltgetöse
erklang der Heimat Stimme melancholisch.
Über den Pfad, der nie verwachsen wird,
ging ich entgegen meinem Vaterhaus.

Und Lindenbaum und Pappel
rauschten wie je über dem dunklen Dache,
die Blutsverwandten fand ich, doch im Herzen fremd,
und Kühle auch der neueren Geschlechter.

Im Hause, das geheiligt war
des Kindes Denken, schweigen düster jetzt
lauernd Gewinngier und Geschäftesucht,
Berechnung in den Blicken.

Du einziger verbliebst,
oh Friedhof, treu der einstigen Gestalt.
An deinen Gräbern einzig konnt' ich glauben,
daß mein Geburtshaus ich gefunden.

(Otto Pick)

Verse

Wohin seid ihr gelangt? Im Sternenschein
irren gemeinsam unter fremdem Himmel wir,
Träumer aus andern Zeiten.

Ja, ich erinnre mich. Mein Dach ist mir
so wert wie meiner Heimat Weiten,
die ich zum Rhythmus meines Herzens hab.

Und aller Wege Ziel wird sein,
Spital, Gefängnis, Heimat oder
ein Grab.

(Uwe Grüning)

Vorstadt

Schade um die Sonne
für die elende, verschlampte Vorstadt,
und um die Schneeflocken,
die im Laternenlicht wirbeln.

Ekel, Laster und Schmutz
haben süße Heimstatt auf diesem Pflaster,
wo das Verbrechen döst
und Kinder aufwachsen zum Mob.

Wenn hieher, Jesus Christus,
mit stillem Lächeln du dich verirrtest,
den Dornenkranz dir
trieben sie tiefer in die Schläfe hinein.

Hieher, Missionarin,
hieher wenn du kämest, Gleichheit zu predigen
und Menschheitsliebe!
Weiberl, halt dich an andres Gefild!

Schade um die Sonne,
fällt sie manchmal auf diesen lausigen Fleck.
Schade um alles,
außer um die Rachebazillen in den Kloaken.

(Otto Pick)

Die Sonnenuhr

Ein Haus im Schutt. In löchriges Gestein
frißt gierig Moos sich ein
und grauer Flechten Parasitenbande.

Den Hof bedeckt ein Wald von Farnen
und Seidenkraut. Im Brunnen halten
die Ratten täglich Mahl.

Der kranke Apfelbaum, vom Blitz gespalten,
hat er geblüht einmal?

Durch helle Sonnenglut schießt ein Schwarm von Staren
schrill pfeifend ins Geröll. An klaren Tagen
kommt Leben in die Sonnenuhr gefahren
und lustig, launig tanzt an ihrem Rande
der Zeiten Schatten, ohne Sinn,
und rezitiert gar ernsthaft vor sich hin:
Sine sole nihil sum.

Denn alles geht in Masken um.

(Jan V. Löwenbach)

Fráňa Šrámek

Kam ein Brief

Kam ein Brief daher,
kam vom Militär,
darin schrieben sie,
daß am zwölften früh
ich mich melden muß,
ach, melden muß.

Was macht ein Soldat,
der zu kämpfen hat?
Zielt mit dem Gewehre,
zielt niemals ins Leere,
beispielsweise auf sein Herz,
aufs eigne Herz.

Ich empfehl mich gut,
hab ja rotes Blut:
bin ein Reservist,
Dichter, Anarchist,
hab ein Lied und einen Fluch,
ja, einen Fluch!

Ich marschiere mit,
sing auf Schritt und Tritt:
blauer Reservist,
roter Anarchist,
fern im Blau die Blume rot,
ja, Blume rot!

(Heinz Czechowski)

Der Tod

Ich gehe; du meinst, ich hinke,
aber ich tanze.
Wenn ich nur hinkte, ich
käme nicht weit,
wie könnte ich abschreiten alle,
nein, ich muß tanzen.

Klopfe ich an ein Fenster wo,
erschrickt man immer.
Jemand wird blaß stets und geht so ungern,
auch wer mich rief, schließt erst die Augen,
eh' er mir folgt aus dem Zimmer.

Ich grausam? Grausam, wenn ich komme,
grausam, wenn ich raffe.
Aber ich sag' nicht, wie ich nachher bin,
du darfst nicht wissen, wirst es nicht wissen
und folgest mir nach.

Schwach bin ich manchmal. Manchmal
     entweicht mir
ein kräftiger Junge, mag nicht,
versteckt hinter jedem Busche sich noch,
kämpft um jegliche Rose noch,
die ich ihm entreiße.

Um jede Rose, und jede hat Dornen,
jede verwundet ihn.
Weiß und zerstochen, die letzte Rose
preßt an den Mund er, neigt schließlich das Haupt
auf meine Schulter.

Schlafe, mein Junge. Du fielst mit der Rose,
leicht werd' ich's tragen.
Wir fliegen durch Sternenflaum voller Entzücken,
wollen den schönsten der Sterne uns pflücken,
der wird dein sein.

(Otto Pick)

Lied

Hundert dünne Zigaretten zogen
Qualm aus unsrem Weh.
Wild empörten sich die Wogen,
dann lag still der See.

Tollwutwind hat fortgetragen
balladesken Quark.
Augenbeizen. Druck im Magen.
Hei, wir waren stark!

Theatralisch, gar nicht heiter,
in der Stirn die Locke.
Alte Kämpen... zogen weiter
mit durchbohrtem Rocke.

Die Heide

Wir wissen, wenn die Heide blüht,
daß sich der Trank im Becher neigt.
Wir trinken mit Bedacht. Es glüht
der Wein, und leise mahnend steigt
die Nacht.

Der Abend färbt sich taubengrau.
Die Wälder dunkeln. Nebel füllt
den Wiesengrund. Wie eine Frau
ironisch, sorgsam uns umhüllt
die Nacht.

(Wilhelm Tkaczyk)

Soldat im Feld

Komm ich einst heim, werd ich durch unsere Gasse gehn,
langsam und leise geh ich und schau mich um,
den Gehsteig werd ich wiedersehen, alle Fenster wiedersehn,
redet mich jemand an, bleib ich stumm.

Was ich jetzt wiedersehen werd –
ich vergeh vor Sehnsucht und glücklichem Weh.
Ich sage: Garten, Hütte, Herd,
klein werd ich von Stufe zu Stufe und immer kleiner sein.
Dann das Erschrecken. Herz, faß dich, faß,
daß dir die Frau entgegenkommt.
Versteck mich wie ein Kind im hohen Gras...

Wenn ich aus dem Krieg nach Hause komm,
setz ich mich zur Frau und schau sie drei Tage an,
nachts schlaf ich bei ihr, am Morgen dann
liegen ihre Hände auf der Decke und sind fromm.

Ich erzähl ihnen alles. Dann werd ich mich erheben,
die Blumen im Fenster gießen, und entdeck verwirrt
unter den alten Blättern gesegnetes junges Leben.
Nach dem Krieg bin ich wieder Bauer und Hirt.

(Josef Mühlberger)

Josef Svatopluk Machar

Einem Ich-Lyriker

Und hast du frische Wunden, die noch bluten,
Laß ja damit dich auf der Gasse nicht erblicken,
Denn wühlen werden drin mit eifrigen Disputen
Klatschbasen nur und Domestiken.

Und wehre, wenn sie dran zu lecken nahn, den Hunden!
Glaub' nicht, was sie vom sogenannten Mitleid schwätzen –
Die Bestien lecken ja nur deshalb Wunden,
Um mit ein bißchen Blut die Zunge zu benetzen.

(Spiridon Wukadinovič)

Grabinschrift für die Bourgeoisie

Glanzvoll der Eintritt war: Mit wenig Ehren
mußt sie sich unter Püffen türwärts kehren.
Kopf war ihr Sein, nie Herz. Das Diesseits segnen
tät sie, zum Sein unfähig schon. Begegnen
kannst ihr in der Geschichte: Waffengänge
und dummer Stolz, der Geldsack herrschte strenge,
hohle Moral, das Rückgrat wie von Binsen,
mit Gott liebäugeln, leere Phrasenplinsen
von Ehre der Person, Patriotismus
und Wissenschaft, fürnehmlich Historismus,
als wollt sie dem Gericht ein Münzlein stecken
für künftige Zeiten, sonst konnt nichts erwecken
Verstehn in ihrer Brust. Die schwache Pfründe
des Hirnes liebt so sehr die Froschteichgründe,
daß Höhen, Fernen nichts in ihr entfachten.
Ob ihrem Erbe bitter jene lachten,

die nach ihr kamen. Mächtige Fehlbeträge
zeugen: Wenn's galt Genuß, war sie nicht träge,
und den Genuß, sie nannt in schönem Stile
ihn ob dem Kunstwerk edle Hochgefühle,
was alles mögliche hieß: Von dem Nackten
in Buch und Bild bis zu dem vollgesackten
Lokal mit dienstbereiten Frauenleibern.
Kurz war ihr Sein; jäh kam das End, zu säubern,
und ihres Exit froh klatscht nun zufrieden.
Hurtig den Stein herbei. Und: Ewigen Frieden.

(Pavel Eisner)

Sonett von der Definition moderner Poesie

Brevier der Tränen, Herrscher, Scherwenzen
Histörchen, neu in Strophen verwahrt
und Großmauls ausgedroschne Sentenzen
im Bühnenschritt auf Kothurnenart

auch Satane, verkommene Teufelsschwänze
seit eh und je uns aufgepackt
polierte Worte auf Reimkredenzen
schwindelnde Bilder und Verskatarakt

bestimmen sie nicht. Was ist Poesie?
Wüßte mans, es hätten schon lange
die Praktiker ihr Fabriken gemauert.

Wir ahnen sie, in uns, um uns im Schwange
wenn groß sie atmet und dauert
Herz und Kopf berauscht sind durch sie...

(Richard Pietraß)

Aschermittwoch

Nein, keinen Strauß! Beethoven spielt!
Die Kränze sind mir längst zuwider...
Der Saal ist leer, die Frühluft kühlt,
rings liegen leere Becher nieder.

Gebt mir ein Lied, das stöhnt vor Schmerz,
in das der Fluch grub seine Hände,
in dem da schluchzt ein elend Herz;
mein Frühling, der ist längst zu Ende.

Und in Verzweiflung kehrt der Blick
in meinen dunklen Saal zurück.
Im Staub, im Kehrricht liegen dort

Kamelien, Rosen, all mein Hort,
der Zauber, der vom Fasching blieb –
Und all das hatte ich so lieb...

(Gotthard Štorch)

Solus sibi

Sich nicht verlieren, wenn die heiße Menge
an dich sich drängt, dir streut die duftige Blüte,
sich vor den Wagen spannt und im Gedränge
dir glüht, wie sie für Primadonnen glühte –

und lächeln, wenn nach Kränzen und Fanfaren
sich einer mit der Schere naht im Sprunge,
daß kunstgerecht an deinen wilden Haaren
sein Metier er übe, flinker Junge –

Dank, Götter, habt! Ich spar mit Lieb und Grimme
und weiß Bescheid. Und brauch mich nicht zu zieren.
Geh weiter, wie ich ging. Getreu der Stimme
und laß mir meinen Platz nicht kommandieren.

Ich und die Welt: keins konnt auf Freundschaft pochen.
So standen wir uns : Hieb, den Hiebe trafen.
Vor das Gericht der Zukunft meine Knochen
werf ich, und hoff, auch meine Siegerwaffen.

(Pavel Eisner)

Antonín Sova

Ein kleiner Flecken
[Südböhmen]

Ein kleiner Flecken... Zwischen Kupferblättern
in mattem Lichte Winkelgiebel wohnen.
Dort hockt der Krämer über krausen Lettern,
leis knarrend schwanken blasse Holzzitronen.
Der Zug der Pappeln, streng, mit Wetternarben,
steigt trotzig in Altweibersommers Leere...
Auf Spindeltürmchen prasseln Sonnengarben.
Die Flut von Stille höhnen Spatzenchöre
und Rosse wiehern vor der Schenke Krippen;
der Klang von Gläsern geht zu ebner Erde.
Ein Ringelspiel: An dir vorüberwippen
viel starre Wägelchen und bunte Pferde.

(Pavel Eisner)

Verse

Niemand hat mich so lieb wie mein Kind,
so kam's, daß meine Haare spät grau worden sind.
Jeder, wie ein in seiner Jugend unbekannter Dichter, weiß,
daß der Ruhm ihm aus dem Wege geht,
voll Hochachtung, vorsichtig und leis.

Ich such meinen Winkel, wenn der Abendwind weht,
der Knabe will brav sein und mir in den Armen ruhn;
mein altes Herz noch einmal in junger Blüte steht,
die Wälder atmen und rauschen, die Kühe muhn,
verfallener Hütten Mauern werden wach,
die verlorene Zeit geht dort bösen und guten Abenteuern nach;

kühle Schatten im Tal, auf Hängen staubig ziegelrot,
auf verdorrter Böschung, längs des Bachs in der Erlen
   Zug.
Unsere Einsamkeit teilen wir, brechen und teilen das Brot,
reichen einander, den Durst zu stillen, den irdenen Krug.

(Josef Mühlberger)

Oktober

In blanken Schalen bringt man Früchte ein
und für das Mahl ist nichts mehr zu besorgen.
Auf kahle Gärten blickt ein fahler Morgen.
Sein Haupt in Dunst birgt der verarmte Hain.

Noch gestern: gleich als hätt das Abendrot
sich an des Blutes Wundern tollgetrunken!
Und heut: wie schal der Tag herabgesunken!
Ernüchtert alles? Auch die Liebe tot?

Tiefatmend gestern noch aus jedem Baum,
stirbt heut die Erde. Kalte Winde treiben
verdorrte Äste an die Fensterscheiben…
Liebst du mich noch? – Mein Lieb, ich weiß es kaum.

(Karl Eisenstein)

Und aufständische, starke Winde wehten

Die Föhrenwipfel rupfte rauher Wind,
da wir uns gut versorgt des Wegs begaben.
Erschreckt, die Möwe sah: der Sturm beginnt
im frühen aufständischen Schrei des Hahnes.
Noch schlief das Land. Von Schwere, dem Magnet,
der Menschen Schlaf noch ganz und gar durchzogen.

Darauf, Elender Trost, das Kreuz erhöht –
so log es Wohlstand, so verlogen.

An weiter Meere Küsten schlief die Welt
der kleinen Ziele, in verseuchten Städten.
Der Straßendirnen dunkles Lachen stellt
uns wie der Hintersinn der schmierigen Gesten.
Ins Plattidyll zu Fuß die Bürger ziehn,
die Brücken eines Tags zum andern querend.
Und auch die Enkel lernten, ganz Verstehn,
die Tage totzuschlagen mit den Lehrern.

Entsetzten sich, als unsrer Seelen Grund
in revolutionärem Feuer lohte.
Der ferne Brand wurd ihren Sinnen kund,
und die zur Wehr erhobnen Hände drohten,
um ihre Höhlenbauten Sturmwind blies,
und sieh, der Funkenflug traf ihre Seelen.
Die Welt erwachte, die bislang nur schlief...
Und aufständische, starke Winde wehten.

(Uwe Kolbe)

Wer hat zerzaust dein dunkles Haar?

Und als sie kam in meinen Park, war alles, alles
        im Verblühn.
Am Horizont die Sonne schlief, Landstreicherschlaf
        nach Wandermühn.

Warum so spät? sprach ich zu ihr. Die Sonne liegt
        so tief im Rohr,
der Glocken Ton im Nebel sich, im Gras der Vögel Ruf
        verlor,

der Wiesen matter Duft bedrückt, die Wasser sind
     so dunkelkühl,
und Schatten waten durch die Furt und alles ward
     ein eitel Spiel, –

daß ich von dannen fahren will, weit wo zu grüner
     Inseln Rast,
schon bauscht mein Segel sich im Wind, und meine Flaggen
     wehn vom Mast.

Im Frühling, damals harrt ich dein. Klang blauer Jubel
     überall.
Von Strahlen spannt ich Saiten, drein sich finge
     deiner Stimme Schall.

Und sag, was kamst du damals nicht? Nun sag mir,
     wo dein Bleiben war?
Und wessen Lenz hast du gelebt? Wer hat zerzaust
     dein dunkles Haar?

Wo strömt' ins offne Fenster dir verwirrend
     heißer Nächte Sang?
O, meine Seele sehnte sich, vor soviel Stille sterbensbang.

Und nun! da mein Erinnern stumm, da alles ich
     in Särge barg,
die Anker löse, o warum kommst welken du
     in meinen Park?

Für uns hier keine Sonne glüht, kein Jauchzen von den
     Bergen zieht,
der Wiesen Atem duftet nicht, an unseren Küsten tönt
     kein Lied;

will ziehn allein, es raunt der Herbst mit Märchenstimmen
      wunderbar.
Ich such das neue Königreich.
                    Wer hat zerzaust dein dunkles Haar?

Strophen

Der Mensch verliert sich oft in Einsamkeiten...
Traum da und Ewiges seltsam Zwiesprach hält.
Blutiger ist der Sonne Abwärtsgleiten.
Und Wälder starrn zum stummen Wolkenzelt.

Kraft birgt dies Schweigen. Und sein heiß Begehren
ist: zu versöhnen, was sich Wunden schlug.
Büßend, sehnt fort von Menschen und Chimären
der Aufruhr sich, von Wahrheit, Traum und Trug.

Leid der Enttäuschung ists. Leid ohne Grollen,
um alles das, was vor der Reife starb,
was groß nicht ward, doch hätte werden sollen;
was fruchtverheißend, früchtelos verdarb...

                              (Karl Eisenstein)

Tragische Strophen

Dort unten an den Küsten sammeln sich die Schatten,
und Geier steigen auf von der besonnten Alm.
Warum droht ihr Gekrächz über den stillen Matten,
warum schallt aus den Hütten trüb ein Psalm?

Nach Menschenblut riechts fernher... Ätzend stinkt es,
      weil
es Sklavenblut nur war und nicht Rebellenblut,

und aus dem Dunkel stiegen Rächerstirnen steil,
und unter düstren Brauen glomm Cäsarenwut

im Aug, drin Bosheit flammt und späte Tränen glänzen.
Ihr Jungen, Schönen, auf, ihr müßt euch schlagen!
Die Staaten nur sind schuld an all den Trauerkränzen,
die wir jahrhundertlang an offne Gräber tragen!

(Franz Fühmann)

Einmal kehren wir wieder

Einmal kehren wir in Gedanken wieder dahin zurück,
wo der Blumen Duft uns verführte, das Silber entrückte
abenddunkler Bäche; kehren einmal wieder dahin zurück,
wo ein Lied aus Fenstern in schweigenden Gärten entzückte.

Finden unseren Steg, finden den Wiesenhang,
vom Herbst verklärt in sich vergeudenden Farben.
Ob da wohl noch ein Echosplitter unverloren klang,
oder ob unserer Schritte Spuren im Rasen erstarben?

Seele, gezeichnet von damals, wird ins welke Gras
ihrer Lieder duftende Töne blühend verstreun,
während Herbstlicht die entblätterten Äste liebkost,

der Stamm im sinkenden Dunkel nach ziehenden Wolken
    drängt; –
einmal noch auf Stegen, die Finsternis übermoost,
in der Stunde des Endes, die das Herz schon umfängt.

(Josef Mühlberger)

Petr Bezruč

Wirbitz

Bei Oderberg, wo meiner Väter Sprache verklungen,
Und zwischen Hruschau, wo glühend Fabriken rauchen,
Herrschaftsfabriken, wo schwer mit Beschwerde wir atmen,
Liegst du, mein Dorf, mit hölzerner Kirche.
Niedrige Hütten, wo grün auf den Dächern Mooshügel
    schwellen,
Mitten im Viereck der Pappeln Christus.

So stießen sie mir in die Stirne bei Oderberg dornig die Krone;
In Ostrau die Linke gekreuzigt, in Teschen aus Herzwunden
    blutend;
In Lippina bot man mir Essig zum Trinken,
In Lysá durchbohrten sie mir die Füße.
Einmal, o einmal wirst du um mich kommen,
Mädchen mit dunkeln, glanzlosen Augen,
Mit Mohn in Händen –
Weiter saust immer die Peitsche, weiter wird man uns würgen
Bei Oderberg und in Hruschau, in Leuten, in Baschka.
Ich höre nichts mehr, mich kann es nicht stören –
Nichts mehr kann mich stören.

                                                    (Rudolf Fuchs)

Ich lebte wie ein Steppentier...

Ich lebte wie ein Steppentier
der Einsamkeit mit tausend Sinnen.
Ich ließ die Menschen hinter mir
und warf mein Saitenspiel von hinnen.

Die Götter senkten mir ins Herz,
die strengen Götter, Saiten wieder.
Berauscht von Wodka und von Schmerz
flocht ich zum Kranze meine Lieder.

Ich flocht den Kranz aus schwarzem Mohn,
aus Galle, Leid und üblen Dingen.
Ich, der Beskiden armer Sohn,
konnt' ich denn anders, anders singen?

Wer springt in die Bresche

So wenig nur Blut, und doch strömt es mir
aus dem Mund.
Bald sprießen bunt
über mir Gräser, dann lieg ich, gestillt.
Wer springt in die Bresche,
wer hebt meinen Schild?

In Witkowitz stand ich im Hochofenbraus,
Nacht starrte ins Auge mir, Glut hauchte ich aus,
die Sonne zu Mittag, den Abend vergaß ich,
gekniffenen Auges die Mörder dort maß ich;
die steinreichen Wuch'rer, die polnischen Grafen,
ich, finsterer Bergmann, ich konnt sie nicht strafen;
seis, daß ihre Stirne ein Kronreifen schmücke,
sie fühlen doch alle gespannt meine Blicke,
die Hände zu Fäusten geballt,
des Bergmanns schwarze Gestalt.

So wenig nur Blut, und doch strömt es mir
aus dem Mund.
Bald sprießen bunt
über mir Gräser, dann lieg ich, gestillt.

Wer hält für mich Wache,
wer hebt meinen Schild?

Kantor Halfar

Kantor Halfar war ein guter,
war ein stiller, schmucker Junge.
Aber einen Fehler hatt' er,
daß ihm durchging stets die Zunge.

Mährisch sprach er auch in Teschen
vor der hohen Obrigkeit.
Und im Katechismus gibt es
Sünden, die man nie verzeiht.

Jahre streichen, Haare bleichen,
und das Leben schwindet bald.
Halfar hat noch keinen Posten,
Halfars Herz wird müd und alt.

Festmusik schallt aus der Schenke,
in der Kirche kniet ein Paar.
Halfars Liebste nahm den Andern,
wollt' nicht warten noch zehn Jahr.

Polnisch spricht man in der Schule,
polnisch sprechen alle Leut'.
Aber Halfar lehrt noch immer,
wie es Gottes Wort gebeut.

Still verloren irrt der Kantor,
der das Lachen längst vergaß.
Einsam sitzt er in der Schenke,
einsam starrt er in das Glas.

Durch den Abend läuten Glocken,
liegt die Schenke wie im Traum...
Und dann fanden sie den Kantor
hängen an dem Apfelbaum.

Ohne Sang und Klang verscharrten
sie den Sünder in das Loch.
Und so fand der arme Kantor
Halfar einen Posten doch.

Schlesische Wälder

Schlesische Wälder! Ach Wälder Ihr
dunkel von Trauer – wie gleicht Ihr mir!
Leidvoll und grimmig rauscht Ihr hernieder,
wie mein Sinnen und wie meine Lieder.
Nadeln fallen, ein ewiger Reigen
grüner Tränen, von Euren Zweigen.

Unter den Äxten sinkt Ihr dahin,
still und ergeben, so will es Wien.
Schlesische Wälder, du Fichtenmeer!
Wir sterben beide, wer fragt nach uns, wer...?

Maritschka Magdonowa

Der alte Magdon will Wodka haben.
Ein Gläschen noch, um heimwärts zu traben...
Am Morgen liegt er tot in dem Graben.
Weine, Maritschka Magdonowa.

Die Mutter ging aus, kam nicht mehr zurück.
Ein Kohlenflöz traf sie in das Genick.

Fünf Kinder starren mit blassem Blick…
das älteste – Maritschka Magdonowa.

Wer gibt ihnen Brot? Wer wird sie speisen?
Wirst du Vater sein und Mutter den Waisen?
Die Herren der Grube haben Kohle und Eisen,
doch kein Herz… – Maritschka Magdonowa.

Weit sind die Beskiden und würzig ihr Ruch.
Der Marquis Gero hat Wälder genug.
Mag die Waise sich sammeln Holz im Bruch!
Was sprichst du, Maritschka Magdonowa?

Maritschka, es friert! Der Hunger tut weh!
Auf den Bergen wächst Holz… Rasch, spute dich, geh!
Da traf sie der Stadtvogt im Wald, im Schnee…
Wird er schweigen, Maritschka Magdonowa?

Wen hast du dir da zum Freier erkorn?
Er trägt ein Gewehr und ein Pulverhorn.
Die finsteren Augen brennen im Zorn.
Komm' mit, Maritschka Magdonowa!

Ei Jungfer, du willst das Kränzel nicht?
Du birgst den Kopf in der Schürze dicht?
Heiß stürzen die Tränen dir übers Gesicht?
Was ist dir, Maritschka Magdonowa?

Bald sind sie in Friedeck, in Friedeck schon.
Bald gellt die Gasse von Schimpf und Hohn.
Der Stadtvogt beugt sich übern Balkon…
Wie wird dir, Maritschka Magdonowa?

Verlassene Hütte! Verlassene Waisen!
Wer gibt ihnen Brot… wer wird sie speisen?

Was fuhr dir durchs Herz wie kochendes Eisen?
Was sinnst du, Maritschka Magdonowa?

Maritschka, hör' auf, zu sinnen, zu träumen!
Der Pfad wird schmal... tief unter den Bäumen
die Wasser der Ostrawitza schäumen.
Hörst du sie, Maritschka Magdonowa?

Ein Sprung nach links! Und alles ist gut...
Fels trank deines schwarzen Haares Flut,
Fels trank deines weißen Leibes Blut.
Fahr' wohl, Maritschka Magdonowa!

An der Friedhofsmauer, da ist der Ort.
Dort steht kein Kreuz, keine Aster blüht dort.
Da ruht, wer sich schlich aus dem Leben fort.
Da ruht Maritschka Magdonowa...

70.000

Siebzigtausend, siebzigtausend
sind vor Teschen wir geblieben.
Hunderttausend sind versunken,
in dem Polenmeer ertrunken,
in dem Deutschen Meer ertrunken,
in das Herz sank heilige Ruh.
Sind wir blieben siebzigtausend,
übrig nur noch siebzigtausend:
leben wir noch, ich und Du?

Siebzigtausend offne Gräber
stehen schon bereit vor Teschen.
Manchmal steigt ein Schrei zu Gott.
Doch dann fällt ein Hohngelächter

aus dem Himmel, Hohn und Spott.
Seine Fäuste blutbespritzt
reckt nach uns der grimme Schlächter.
Und wir starren stumpf und harren,
blöde Narren, blöde Farren,
bis das Beil im Nacken blitzt.

Marquis Gero, schenk uns ein,
schenk uns siebzig Fäßchen Wein,
siebzigtausend Fäßchen Wein.
Hunderttausend sind versunken,
hunderttausend sind ertrunken.
Unsre Gräber füll' mit Reben
und wir lassen hoch dich leben!

Doch, bevor wir untergehen,
ehe wir zu Staub zerstieben,
wollen wir im Tanz uns drehen,
wollen trinken, wollen lieben.
Siebzigtausend, die noch stehen,
siebzigtausend, die geblieben...

(Georg Mannheimer)

Otokar Březina

Die Welt der Pflanzen

Die Welt der Pflanzen. Ohne Regung träumen die Bäume
        von ihren Wanderungen
durch die Jahrhunderte der Formen. Die Säfte der Erde
        rannen in Wonne ihnen hervor aus dem Dunkel,
und süß war den Saugenden die funkelnde Milch der Sonne.
Und höchste Wollust: die schönheitsgereifte Form
erblühn zu lassen in dem Geheimnis der Schwere, der Winde,
        des Lichtes. In Tiefen loht noch
Feuers Gedanke. Vom Überschwang des überfließenden
        Bechers und der Herrlichkeit der Küsse
spricht der Duft. Und mögen Insekten kommen
        aller Gestalten,
auch ihrer harrt hier ein Werk, und das grauenerregendste
wie das herrlichste begrüßt die gleiche mondene Bleichheit
und das leidenschaftliche Erröten der Blüten. –
        O, meine Seele, fernab von uns
strömt hier das Leben wie durch die Nacht das Rauschen
        entfernten Flusses.
Unter schweigsamen Sternen hör ich es brausen,
wie es siedend dampfte in den feuerglutenden Jahren
        der Tertiärzeit. In seinem Spiegel
ersahen Morgen und Abend die Pracht ihrer Farben,
        geheimnisschwangeren Abglanz
ewiger Schönheit. Weit hinter uns strömt es und wälzt
        seine Tiefen zum Meere,
dessen laue blutsüße Wellen uns zutrugen diesen Inseln.
Aber Stille herrscht an den Felsquellen und den Gestaden
        zukünftiger Erden
und stumm bleibt menschlichem Ohr das Niederprasseln
        von Welten

und erste wirbelnde Drehung neuer Sonne im Dunkel
    mystischer Nächte,
gleichwie das Werden des Duftes und das Dürsten
    der Wurzeln.

Frühlingsnacht

Nacht sang gedämpft, das Rauschen ersten Grüns und der
    Frühlingswasser Mund
war ihres melancholischen Liedes Untergrund;
in der Höhe die Sterne, riesiger Lichtkelche Beet,
hauchten den schweren Duft überirdischer Vegetationen;
und meiner Brüder Hände, auf der Brust wie im Tode quer,
lagen still und enttäuscht und wie Stein so schwer,
gebrochen vom Fronen.

Doch ihre Geisterhände verlangend bis an die Sterne drangen,
Millionen Seelen auf Erden und in allen Welten hielten sie
    umfangen,
und langes Atemholen freudig erwachender Morgen,
das festtägliche Brausen der ewigen Veste,
ätherischer Fittiche Wehn, mystische Saat im streichenden
    Föhn,
unsichtbarer Orchester Anstimmen
hob sich im Takt ihrer geheimnisstrahlenden Geste.

(Pavel Eisner)

Meine Mutter

Der Mutter Gang war so, wie Büßerinnen gehen,
ihr Tag war ohne Duften, Farben, Leuchten, Gleiten,
des Lebens dürre Frucht wie Asche anzusehen;
sie nahm sie ungeletzt vom Baum der Zeiten.

Der Armut scharfer Staub peitschte der Jugend Süße,
ins Auge schnitt er ihr, daß Brand im Tau erkühle;
wie Samum niederweht, so weich umfings die Füße
und wölbt' in Wellen sich, der Müden zum Asyle.

Der dunklen Jahre Last zwang ihren Nacken leise.
Die Glut der Arbeit sog ihr Kraft aus allen Poren.
Sie küßte ihren Tod, und vor der letzten Reise
hat flüsternd noch ihr Mund ein Dankeswort geboren.

In Kirchen pflegte sie vor dem Altar zu sinnen,
im Grabeskerzenduft auf feuchtem Marmorsteine;
den Regen milden Trosts, den Glanz der Himmelszinnen
fing ihre Seele auf, wie Tau im Morgenscheine.

O meine Mutter du, heut ganz in Licht gewendet,
du goldner Pfeil, geschnellt nach jenem heißen Sterne
der ewig flammenden Geheimnisse! Beendet
ist deines Namens Schall, du selbst bist mir nicht ferne!

Des toten, ausgekühlten Leibes bin ich Blüte,
ich knospte doch und wuchs in deiner Blicke Feuchte:
Du küßtest mir des Lebens Herbheit ins Gemüte,
und deine Erbschaft war, daß Trauer in mir leuchte.

In stiller Mitternacht, wenn grüne Schleier wehen,
schwebst du aus deinem Grab, mit mir zu liegen scheinst du,
in meinem Atem hör ich deinen Atem gehen;
von meiner Stimme jäh ergriffen, weinst du.

In meinen Adern ists, als ob dein Blut sich wärmte,
und meine Augen schaun mit deinem dunklen Strahle.
Des Glaubens tiefe Glut, drin deine Seele schwärmte,
erwuchs in meiner Brust zum Blut- und Feuermale.

So muß auch ich wie du die bange Straße gehen,
mein Tag ist ohne Duften, Farben, Leuchten, Gleiten.
Des Lebens dürre Frucht, wie Asche anzusehen,
von dir umschattet, nehm ich sie vom Baum der Zeiten.

(Rudolf Fuchs)

Die Glücklichen

Auf unsere Einsamkeit sank ein gefährliches Schweigen
und in der Tiefe der Wälder, wo die höchsten Wipfel der Bäume
    flüsterten von der Wollust des Lichts,
hob sich ein langer Schrei – und es neigte der Durst sich
zu den Quellen des Blutes.

Zwischen uns und den Sternen zieht das Gewölk der Erde.
Mit tausend feurigen Augen funkeln höhnisch in unsere Nächte
die Städte.
Und in Musiken der Gärten, wo die Sterne sprühten
    wie Frühtau, aufstöhnte in Düften die Begierde.
Gezeiten künftiger und vergangener Schuld begegnen einander
im Wahnsinn der Menge,
Hände, die in Gebeten sich müde rangen zum Himmel
treibt es zu heißer Umschlingung und der reine Traum will uns
nicht mehr gehorchen.
Ach es erblaßt das geliebte Gesicht in unseren Herzen.
    Worte ersticken in einem Schmerzensgelächter,
unsere zehrende Sphäre verheerte die Blüte der Farben
    und Dinge zu Schatten.
Das Wasser verqualmt sich zu Dampf auf unserer Schiffahrt,
    es versteinern die Ruder.
Die Hände, die schmerzhaft gespannten, kaum halten sie mehr
    die schweren, die so starr in die Wellen hängen,
und es packt uns im Schwindel die Hypnose der Tiefe.

Die Finsternis also sprach sie zu euch, aber stumm
    euren Schmerzen,
stumm euren Blicken, die ihre Tiefe verloren, stumm bleibt
    die Erde.
Ihr Traum schweift vor euch in der Weite, vor euch
    den Schwachen, ins Tausendjährige, –
Ein Duft und Gezitter im Strahle des Höchsten.
O ihr Glücklichen, die ihr erstanden seid aus dieser Weile
zur Freiheit und Reinheit,
nun habt ihr die Augen geöffnet, die dem feindlichen
    Sturmwind sich schlossen!
So taten die Starken, wenn sie den Tag des Todes verließen,
ein Gebet auf den Lippen:
der Fittich höherer Wesen spannte den Rhythmus ihrer Schritte
und ihr magisches Lächeln beherrschte die Sonne.
O stehe über unserem Tage still und scheide nicht von uns,
bis gereift ist die Ernte unserer Saat und das Danklied
    sich erhebt auf dem Schlachtfeld!
Still stand die Sonne ihrem Tag und nimmermehr ging sie unter,
denn der Tag der Sieger, der allen opfert sein Licht, er leuchtet
der Ewigkeit ewig.

O ihr Glücklichen, die ihr auferstanden aus dieser Weile
zur Freiheit und Reinheit,
mit einem Flügelschlag eures Gebets habt ihr erreicht
den Traumduft der Erde: aus unsichtbaren Gärten,
    an deren Wachstum als Reis
die unzähligen Toten
gepfropft sind, eures Werkes zu harren,
tief atmet ihr ein die stärkenden Düfte.

Die Stadt

In Dämmerung fremdesten Lichts sah ich die Stadt.
Eine Sonne,
ohne Feuer, verblichen, hing über ihr,
nicht mehr als ein Stern inmitten von Sternen.

Tausend Türme wuchsen empor und längst schon
zerfallene Türme
wuchsen als Schatten noch weiter. Gewaltige Menge
wälzte dicht sich von Tor zu Tor,
es läuteten die Musiken und luden zu unbekanntestem Fest,
viel Züge schwankten von Büßern,
Heerhaufen kehrten vom Krieg, es klirrten die Sünder
in Ketten.
Doch Schatten entstiegen dem Grab, sie schweiften
inmitten der Menge
und mischten die herrische Stimme schrill in die Wirrnis
der Stimmen:
Sie trauten die Hände von Fremden, sie betauten
mit ihrem Lächeln welk der Liebenden Küsse.
Wo eins durch umschlungenes Paar schlüpft,
sanken die flugbereiten Schultern hinab.
Es weilten in ihrem nie geschlossenen Aug', von ewiger Schuld
starr,
unheimliche Sonnen und glühten die Glut aus,
die diese Stadt und ihr Leben mit wehender Schwermut
umschwang.

Ich aber irrte einsam inmitten der Vielen, mein Herzschlag
starb im unzähligen Herzschlag der Lebenden hin
und der Toten,
und die magische Flut der unserem Tag erloschenen Augen
hob in meiner Seele ihr Licht an. Und dort fand ich dich:
Aus deinem Odem hauchte mir her der Duft

meines tiefsten Alleinseins,
Duft meiner Vatererd' und ätherischer Blüte
scheu dämmernden Laubgangs,
die aufbrach im silbernen Regen der nächtlichen Himmel,
und in deiner Stimme flüsterten Stimmen, die ich erlauscht
im irrenden Windstoß
an meinem einsam prasselnden Feuer.

Natur

Musik verborgener Quellen sprang und mein Tag sang dazu
seinen Sang,
Gesang an Gestaden der Schwermut.
Die Trauer verschollenen Lebens, dem ich entspringe,
hauchte aus Düften,
aus Baumgesprächen, aus schwerem Geläut der Insekten
über den Wassern,
und ganze Erdalter lagen da zwischen blumenpflückender
Hand und den Blumen, zwischen dem Auge und
der Geheimniswelt,
die mit unzähligem Fragblick stumm in die Seele mir schaut.

Die sinkende Sonne verlosch im Gewölk. Und meine Seele
fragte die Winde:
Steigt dies Gewölke empor oder schwindet es hin?
Die Winde verschwiegen sich mir, zu dienenden Spiegeln
geronnen die Wasser,
und die Sterne wie Feuer auf eisigen Wellen des Lichtmeers
verlöschend,
summten und surrten unsichtbar zu meinen Häupten.
Das Licht stirbt nur in den Aufgang größeren Lichts ein,
ins größere Licht ein, ins höhere Licht ein.

(Franz Werfel / Erik Saudek)

Erde?

Es breitet Welt um Welt sich aus,
ein Stern am andern, bricht Mitternacht herein,
und einer darunter umkreist eine weiße Sonne,
und seinen Flug hüllt Musik geheimnisvoller Freude ein,
und die Seelen jener, die am meisten litten,
in ihn gehen sie ein.

Hundert Brüder sagten: Wir kennen sein Geheimnis,
in ihm stehn Tote vom Traum auf, Lebende schwinden
im Traume dahin;
die Liebenden sagten: Die Blicke erblinden
vor übermächtigem Glanze
und wie Duft fremder Blumen tötet die Zeit jeden darin;
und sie, die durch die Jahrtausende sahen,
fragen: Erde? mit heiterem Sinn.

(Otto Pick)

Epilog

Otokar Fischer

Nach der Vollendung
der »Faust«-Übersetzung

Vollendet ist die Arbeit, die nicht mein ist,
vollendet sie, die mehr als mein, ich weiß;
darin verkörpert zweierlei Geheimnis –
und noch ein drittes gibt sie selber preis:
Das Licht, das allen Völkern hier gemein ist
und einschließt allen Gegensatz im Kreis.
Dies Wunder, fremd und groß, so lang mich bannte,
bis ich des Wortes Wunder tiefst erkannte.

Zwei Führer schützten mich zur Nacht auf Steinen
am Abhang, da mir drohte Fall und Schmach.
Selige Augen! jauchz ich mit dem einen.
Nur Dank, nur Dank! seufz ich dem andren nach.
Die dritte Stimme – mags die Welt verneinen –
verhalf zu Ruh und Zucht mir, da sie sprach.
Strahlt aus dem Blick des Geisteshelden Wesen,
weiß ich: Am Anfang ist das Wort gewesen.

Und wird am Ende sein! Denn unverloren
erneuert sich das Wort im Strom der Zeit.
Vollendet ist das Werk, nie ausgegoren,
dem einst ein andrer neue Kräfte weiht,
wenn erst die Sprache, wieder neugeboren,

neu von uns einen aufruft seinerzeit.
Wir zünden Feuer an. Auf Höhn erglommen,
brennen sie künft'gen Brüdern zum Willkommen.

(Otto F. Babler)

Nachwort

Das vorliegende Lesebuch ist das dreiunddreißigste in der Geschichte tschechisch-deutscher Vermittlungen, die in den frühen zwanziger Jahren des vorigen Jahrhunderts ihren Anfang nahm. Es entstand als Ergebnis eines Wiedersehens nach langen Jahren. Seine Herausgeber hatten nach dem Zweiten Weltkrieg als junge Männer gemeinsam die Bänke der Prager Karls-Universität gedrückt (es waren wirkliche »škamna«, grün angestrichen und mit schiefem Pult), und als sie einander im Jahre 1990 als alte Männer im Prager Café Slavia wiedersahen, lag der Gedanke nah, sich zu einer gemeinsamen Arbeit zusammenzutun, die von fernen Hoffnungen Zeugnis ablegen könnte. Wir flanierten also durch die Kleinseite, wie eh und je, saßen auf einer Bank auf der Sophieninsel, verzehrten ein kleines Gulasch im Restaurant Mánes, zur Erinnerung an die glorreichen Surrealisten, die dort Hof gehalten hatten, und rezitierten Listen und Namen von Autoren, Gedichten und Übertragungen, die wir auswählen wollten.

Wir hatten besondere Gründe, uns dem Lyrischen zu widmen. Der eine Herausgeber, Ladislav Nezdařil, hatte in schweren Zeiten Gedichte in wallachischer Mundart geschrieben, wie sie in den mährischen Beskiden gesprochen und gesungen wird, und publizierte nach vielen politischen Schwierigkeiten im Jahre 1985 die erste umfangreiche tschechische Studie über die Geschichte der deutschen Übersetzungen tschechischer Poesie. Der andere, Peter Demetz, hatte gleich in den ersten Jahren des Exils tschechische Gedichte übersetzt, die Hans Paeschke und Joachim Moras in ihrem kosmopolitischen »Merkur« publizierten, und arbeitete später, von Hans Magnus Enzensberger ermutigt, an Übertragungen aus dem Tschechischen weiter, bis es ihm nach vierzig Jahren Abwesenheit wieder vergönnt war, vor den Schaufenstern der Buchhandlung Melantrich auf dem Prager

Wenzelsplatz zu stehen, wo die Publikationen lange verpönter Lyriker auslagen.

Den Herausgebern lag daran, gute tschechische Gedichte auszuwählen – wir wissen, welche Fallstricke sich an solche Werturteile knüpfen – und sie in loyalen Übertragungen zu präsentieren; und wenn einer der Herausgeber seine eigenen Arbeiten ins Repertoire aufgenommen hat, dann deshalb, weil er der Meinung ist, daß sie hier nur als Vorläufer vollendeterer Übersetzungen stehen. Was uns beiden vorschwebte, war ein Band, der den Traditionen, Brüchen und Diskontinuitäten der tschechischen Literaturgeschichte gerecht werden sollte. Uns lagen didaktische Absichten ebenso fern wie der Vorsatz, ein abgeschlossenes literaturhistorisches Panorama liefern zu wollen. Wir dachten eher an ein Büchlein mit kulinarischer Intention, wenn man diesen Begriff in Hinsicht auf die tragischen Wendungen der tschechischen Geschichte überhaupt verwenden darf, ohne blasphemisch zu werden. Für uns sind die einzelnen Lyriker und Lyrikerinnen, nicht Themen oder Motive, die eigentlichen Ereignisse der Poesiegeschichte. Deshalb haben wir uns entschlossen, die Autorinnen und Autoren durch solche Arbeitsproben vorzuführen, die erste Einsichten in ihre besondere Sprache und ihre Neigungen gewähren. Aus ähnlichen Gründen wagten wir es, die großen und zyklischen Gedichte moderner Lyriker, wie Vítězslav Nezval, František Halas und Jaroslav Seifert, aufzunehmen – jene luftigen und erzenen Säulen, auf denen die tschechische Poesie des eben vergehenden Jahrhunderts ruht.

Ein Problem war auch die Teilnahme von Frauen an der Entwicklung des tschechischen Gedichtes – beziehungsweise ihre Abwesenheit; Frauen, von Božena Němcová bis Daniela Hodrová, haben den älteren und den modernen tschechischen Roman konstituiert und geschrieben, aber in einer merkwürdigen Verkehrung literarischer Verhältnisse fehlten sie lange in der Geschichte der Lyrik. Erst nach der Mitte des Jahrhunderts sind sie hier selbständig und unverwechselbar vertreten.

Es ist eine der besonderen Ironien der böhmischen Entwicklungen, daß die Geschichte der deutschen Übersetzungen aus dem Tschechischen mit einem Text des dreiundsiebzigjährigen Goethe begann, dem im April 1822 eine Übertragung der sogenannten »Königinhofer Handschrift« in die Hände fiel, mit der er nicht immer ganz zufrieden war. Diese Handschrift alter tschechischer Epen und Gedichte war zwar eine Fälschung, die die tschechischen Romantiker und Nationalisten mit einem »Denkmal« versorgen sollte, das ebenso alt – wenn nicht älter – wie das deutsche Nibelungenlied wäre, aber das kümmerte den alten Goethe nicht. Als er ein Gedicht, betitelt »Das Sträußchen«, ins Auge faßte, »korrigierte« er das Poetische, indem er den Text anders montierte, fünf eigene Verse hinzufügte, den Anfang des Gedichtes an den Schluß setzte und so eine balladeske Komposition gestaltete, der es weder an Volkstümlichkeit noch an Melodramatik mangelte.

Es war damals schwierig, mit tschechischer Dichtung umzugehen; sie war eben erst daran, sich über die möglichen Versmaße, Bilder und ihr poetisches Vokabular ins Klare zu kommen, und da es keine höheren tschechischen Schulen gab, schrieben viele junge Leute, darunter auch der geniale Romantiker Karel Hynek Mácha, zunächst auf deutsch, weil sie in der deutschen romantischen Poesie vielfältigere Ausdrucksmöglichkeiten zu finden glaubten als in dem noch sterilen Klassizismus der eigenen Sprache. Man wird es den Übersetzern des neunzehnten Jahrhunderts verzeihen, daß sie mit mehr Sympathie als Talent für die Verständigung der böhmischen Völker arbeiteten; zu ihnen zählten auch Josef Wenzig, der das Libretto zur tschechischen Nationaloper »Die verkaufte Braut« in deutscher Sprache schrieb (ehe es ins Tschechische übersetzt wurde), und der sprachlich begabtere Eduard Albert, später der bedeutendste tschechische Chirurg und Mediziner seiner Zeit. Die Geschichte der Übersetzung als einer Kunst begann kurz vor dem *fin-de-siècle* mit Friedrich Adler, einem Patriarchen der Prager Zirkel, der im Jahr 1895 die formbewußten Gedichte von Jaroslav Vrchlický übertrug und damit die Aufmerksamkeit der Leser in

Deutschland und Österreich erregte. Bertha von Suttner und Paul Heyse rühmten Adlers Arbeit, und selbst Detlev von Liliencron, der Erneuerer der deutschen lyrischen Sprache und ein zugereister Prager Flaneur, nannte sie »kongenial«, obgleich er kaum mehr als zwei oder drei tschechische Worte verstand.

In der Literaturgeschichte moderner tschechisch-deutscher Übersetzungen sind zwei Gruppierungen sichtbar, die sich, jede auf ihre Art, ihre historischen Verdienste erworben haben. Außerhalb dieser Gruppen übersetzen die treuen Einzelgänger, von denen sich manche so tief in den Geist der anderen Nation einleben, daß sie jenen böhmischen oder mährischen Autoren älteren Schlages ähneln, die sich in ihrem Patriotismus für das Land, nicht für *eine* Nation allein, bewähren wollen. Die erste Gruppierung wird von den Prager deutschen Schriftstellern jüdischer Herkunft konstituiert, die ihre Mittlerschaft im gefährdeten Raum zwischen den Nationen erprobten, ehe Krieg, Shoa und Exil diese Vermittlungen zerstörten; und die zweite wird von jüngeren Schriftstellern der ehemaligen DDR gebildet, die durch die Konfrontation mit dem tschechischen Gedicht der Moderne und seine surrealistischen Impulse ihre eigene Sprache verfeinerten und so gegen die sterile Kulturpolitik ihrer doktrinär gegängelten Gesellschaft protestierten. Die Absichten der einen und der anderen Gruppe werden durch Chronologie und Generationen getrennt, aber nicht ganz. Es gab spätere Prager Dichter, wie H. G. Adler oder Franz Wurm, den Holan-Übersetzer, die Krieg und Nazizeit überlebten, oder Louis Fürnberg, der in die DDR-Poesie hinüberwechselte; ein anderer einsamer und produktiver Übersetzer war Otto F. Babler in Olmütz, der in sechs Sprachen zu Hause war. Man vergißt leicht, daß sich die Übersetzer im Laufe der Geschichte in ganz anderen sprachlichen Verhältnissen vorfanden; in der älteren Generation waren noch viele »utraquistisch«, d. h. zweisprachig, ehe sich dann die böhmischen Nationen voneinander trennten und die »Utraquisten« des Verrats an der einen oder an der anderen Nation verdächtigten.

Die deutsch-jüdische Literatur, welcher die meisten Prager Übersetzer seit der Jahrhundertwende angehörten, beginnt mit der Öffnung des Ghettos, das allerdings schon länger porös war. Studenten jüdischer Herkunft wurden von der deutschen Bildung angezogen und durch den deutschen Bildungsweg assimiliert. Diese Literatur tritt mit den »Sippurim« (eine vom Prager Verleger Wolf Pascheles herausgegebene Sammlung jüdischer Geschichten und Legenden in deutscher Sprache) programmatisch hervor (1847) und endet in der Katastrophe der späten dreißiger Jahre; ihre Lebensspanne betrug nicht mehr als neunzig Jahre oder eigentlich nur fünfzig, denn viele Jahrzehnte waren eher eine Epoche der Verheißung als der Erfüllung. Die jungen Schriftsteller, die aus dem Ghetto heraustraten, wählten das Deutsche vor dem Tschechischen (Siegfried Kapper war der erste, der in tschechischer Sprache schreiben wollte, ehe er doch wieder ins Deutsche zurückfiel); und im Jahre 1930, als die Stadt fast 900 000 Einwohner hatte, waren davon 42 000 deutschsprachig, und von ihnen 30 000 jüdischer Herkunft.

Die Prager jungen Autoren hatten eine charakteristische Biographie; sie kamen alle aus bürgerlichen oder kleinbürgerlichen Familien (die reichen Werfels waren eher eine Ausnahme), besuchten die deutschen Volksschulen und das Gymnasium, vor allem das Altstädter Institut, liebten junge tschechische Mädchen plebeischer Herkunft und arbeiteten dann als Juristen, Kritiker und Beamte in Banken, Zeitungen und Versicherungsanstalten. Sie schrieben oft »nebenbei«, denn man arbeitete damals in »einfacher Frequenz«, das heißt von acht Uhr früh bis zwei Uhr nachmittags, und hatte den Rest des Tages Zeit für Gespräche und Literatur. Man las die altehrwürdige »Bohemia« (eher national als liberal, aber auch der junge Egon Erwin Kisch war dabei), das »Prager Tagblatt« (liberal) und später die »Prager Presse«, ein republikanisches Regierungsblatt in deutscher Sprache, von Arne Laurin redigiert und ein Magnet für deutsche und österreichische Schriftsteller, die in der Inflationszeit in Berlin und Wien hungerten und gerne für ein Honorar in kaufkräftigen

tschechischen Kronen ein wenig Literatur unterm Strich beisteuerten. In der »Prager Presse«, die vom 27.3.1921 bis zum
31.12.1938 als Tageszeitung herausgegeben wurde, erschienen
845 deutsche Gedichtübersetzungen aus dem Werk von 108
tschechischen Autoren, und alle bedeutenden Übersetzer tschechischer Lyrik in jener Epoche waren ihre Mitarbeiter, z. B. Pavel Eisner, der die Epoche der »Prager Presse« als tschechischer
Schriftsteller überlebte, Rudolf Fuchs oder Otto Pick.

Prager Schriftsteller waren es auch, die der tschechischen
Kunst und Literatur den Weg zu einem internationalen Publikum in Deutschland und anderswo zu bahnen suchten – ebenso
wie Hugo von Hofmannsthal in seiner »Österreichischen Bibliothek«. Die Berliner Avantgarde-Journale »Der Sturm«, geleitet von Herwarth Walden, und »Die Aktion«, herausgegeben
vom radikalen Franz Pfemfert, standen in steter Verbindung mit
Prag. Max Brod, der Leoš Janáček exportierte, und seine
Freunde publizierten Essays und Übersetzungen in Berlin, vor
allem in den »böhmischen« Sondernummern der »Aktion«, die
mitten im Weltkrieg den Tschechen europäische Wirkungsmöglichkeiten eröffneten; und während die k. und k. Militärbehörden die tschechischen Dichter Viktor Dyk und Petr Bezruč zu
Hause als »politisch verdächtig« verfolgten oder gar des Hochverrats beschuldigten, publizierte der unerschütterliche Franz
Pfemfert ihre Lyrik, wie die Fráňa Šrámeks, dessen vitaler Anarchismus ihm nicht verborgen bleiben konnte.

Die neuen tschechischen Lyriker schrieben in der Sprache der
Fabriken, Bierkeller und Großstadtgassen, während den Prager
Schriftstellern, die sie übersetzen wollten, immer noch Goethe,
Schiller und die alte Romantik im Wege standen. Die hervorragenden Übersetzungsleistungen der Prager, wie Werfels Übertragung des mystischen Symbolisten Otokar Březina, machten
sich, als Ausnahmen von der Regel, das expressionistische Idiom
zu Nutze, ähnlich wie ein wenig später sich Pavel Eisners beste
Übertragungen einer expressionistischen Tönung nicht immer
ganz zu entziehen vermochten. Die Unterschiede zwischen einer

traditionellen Literatursprache (Deutsch) und einer Sprache des
industriellen Alltags (Tschechisch) sind in der Differenz sozialer
Schichtungen begründet, und erst eine jüngere Generation über-
wand dieses Hindernis mit zunehmender Energie und Leichtig-
keit. Petr Bezručs »Schlesische Lieder« sind nie leidenschaft-
licher übersetzt worden als von Georg Mannheimer (in Wien
geboren, aber in Prag Redakteur der »Bohemia«), der sich in
Bezručs Verteidigung des schlesischen Proletariats in seiner eige-
nen Parteinahme für die jüdische Nation gestärkt fühlte und als
Zionist starb (1942). Ebenso zählten Otto Eisner und Hans
Schönhof zu der jüngsten Generation der deutsch-jüdischen
Dichter, und ihre Übersetzung Nezvals hat noch keiner über-
troffen. Hans Schönhof fiel in Frankreich als Mitglied der fran-
zösischen Widerstandsbewegung. Otto Eisner starb, vergessen,
als Sprachlehrer im Exil in England.

Das Ende der Republik T. G. Masaryks war auch das Ende der
Prager deutsch-jüdischen Literatur. Die einen starben in There-
sienstadt oder Auschwitz, die anderen im Exil. Nur wenige ret-
teten sich aus Shoa und Verfolgung. In der Epoche des Rassen-
und Nationalhasses war es mit der Vermittlung zwischen den
böhmischen Nationen zunächst vorbei; aber wahrscheinlich
wissen nur wenige, wie produktiv der Gedanke an tschechisch-
deutsche Übersetzungskunst gleich nach dem Zweiten Welt-
kriege in dem von Professor Hugo Siebenschein geleiteten ger-
manistischen Seminar der Karls-Universität fortlebte – davon
legt auch das vorliegende Lesebuch Zeugnis ab, einschließlich
der Arbeitsproben von Rio Preisner und Josef Fanta. Obwohl
die fünfziger Jahre der Mittlerschaft zwischen den Nationen
nicht günstig waren, hatte Josef Mühlberger, schon in der tsche-
choslowakischen Republik Herausgeber der Zeitschrift »Wi-
tiko«, die deutsche Leser über tschechische Kulturverhältnisse
aufklärte, den außerordentlichen Mut, seine Arbeit in vielen lite-
rarischen Essays und Übersetzungen in der Bundesrepublik
fortzusetzen. Mühlberger hing, wie übrigens auch Pavel Eisner,
spätromantischen Gedanken an das mütterliche, weibliche We-

sen des Slawischen nach und fühlte sich als Übersetzer ganz besonders in die Lyrik des frühverstorbenen Jiří Wolker ein. Ihm folgte dann, in der Epoche des »Prager Frühlings«, Franz Peter Künzel, der die Prager Gedichte Jaroslav Seiferts präzis übertrug.

Die historische Atempause war in der DDR nicht weniger bemerkbar als in der Bundesrepublik. Die erste DDR-Übersetzung tschechischer Lyrik, Nezvals »Ich singe den Frieden« (1951) von Kuba, war von ideologischen Forderungen diktiert, und für lange Jahre zögerten die Verlagsinstitutionen, mehr als Übersetzungen tschechischer Kinderreime zu publizieren, um den Fortgang des sozialistischen Realismus nicht zu gefährden. Man kann die Renaissance der DDR-Übersetzungsarbeit genau datieren. Sie begann mit einer Stipendienreise (1954) des Brünner Poeten Ludvík Kundera, eines Cousins des Epikers Milan Kundera, nach Berlin (Ost), und einer rasch geschlossenen Freundschaft mit Franz Fühmann, der aus Nordböhmen stammte. Im Verlauf der Jahre arbeiteten Kundera und Fühmann eng zusammen, denn sie waren beide an der Entwicklung der tschechischen Poesie interessiert. Ludvík Kundera, ein später Surrealist und Kenner der modernen deutschen Literatur (er hatte seine Deutschkenntnisse schon als Zwangsarbeiter in Spandau im Zweiten Weltkrieg vertiefen müssen), wollte, – in der Epoche der Machtblöcke, – die Isolation der auf sich selbst zurückgeworfenen tschechischen Lyrik brechen und ihrer radikalen Modernität jenseits der Grenzen Gehör verschaffen. Der Lyriker Fühmann wiederum begriff, daß man die eigenen poetischen Mittel im Umgang mit der tschechischen Poesie, die ganz anderen Traditionen folgte als die deutsche, weiterzubilden vermochte, um die kühneren Ergebnisse gegen die hanebüchene Amtslyrik auszuspielen. Beiden, Kundera und Fühmann, schlossen sich Freunde und Autoren an, die ästhetische Morgenluft witterten.

Die DDR-Übersetzer waren allerdings mit einer philologischen Barriere konfrontiert. Die Kenntnis der tschechischen Sprache war auch in der Nachbarrepublik selten, und viele Über-

setzer waren darauf angewiesen, mit Interlinearversionen zu ar-
beiten, die ihnen Kundera und andere zur Verfügung stellten –
und das wiederum hatte seine Vor- und Nachteile. Die talentier-
ten Nachdichter, die Interlinearversionen benutzten, hatten
mehr Freiheit oder eigentlich Ungebundenheit als die philologi-
schen Experten, ihre spezifischen lyrischen Talente deutlicher zu
verwirklichen (wie z. B. Uwe Kolbe oder Uwe Grüning), aber
der Prozeß des Schreibens und der Invention vollzog sich doch
in einiger Distanz vom Original. Sie mußten es auch, als unaus-
weichliche Bürde, auf sich nehmen, mehr oder minder im politi-
schen Rahmen zu bleiben. Die Exilpoesie der Tschechen, z. B.
Ivan Blatnýs, lag jenseits ihres Horizontes, und auch die verpön-
ten und eingekerkerten tschechischen Dichter waren weitge-
hend, aber nicht ganz und nicht immer, tabu.

Einer der Lyriker, welcher der Interlinearversionen nicht be-
durfte, war Reiner Kunze, der seinen Wohnsitz in den Jahren des
Prager Frühlings nach Böhmen verlegte, eine tschechische Lese-
rin seiner Gedichte ehelichte und, wie er selbst sagte, eine Art
menschlicher Auferstehung erlebte. In Böhmen begriff er, »was
das ist, Poesie«, und er erkannte, präziser als viele seiner Zeitge-
nossen, daß die Mitte der neueren tschechischen Lyrik die »Me-
tapher der west-europäischen Moderne« war, wie sie Lorca und
Apollinaire gebildet hatten. Milan Kundera nannte Reiner
Kunze den »slawischsten aller Deutschen«, die er kannte, und
Kunze gestand freimütig, daß er die nachhaltigsten lyrischen Im-
pulse für seine eigene Praxis der modernen tschechischen Poesie
verdankte, vor allem dem mährischen Poeten Jan Skácel, den er
als erster zu übersetzen begann.

Es war leider so, daß sich das europäische Interesse an tschechi-
scher Lyrik und Kunst immer nur im Zusammenhang mit melo-
dramatischen Ereignissen in Böhmen steigerte. Die Aufmerk-
samkeit des Westens war selten einmütiger auf die tschechischen
Künstler gerichtet, als Masaryks Republik in den Münchner
Verträgen und in der Okkupation zugrunde ging; und dreißig
Jahre später war es der Prager Frühling und die Intervention der

Sowjettruppen mit ihren Verbündeten, welche die Aufmerksamkeit der westlichen Welt wieder auf die Interessen und Arbeiten der Prager Dissidenten lenkte. Unglücklich die literarische Mittlerschaft, die Helden braucht, aber die wenigen Jahre nach der ›Sanften Machtübernahme‹ (1989) legen zumindest die zögernde Hoffnung nahe, daß die bewährten Übersetzer in ihren freundlichen Bemühungen fortfahren werden, auch ohne die Sensationsmeldungen aus Prag oder Böhmen, die ja, genauer besehen, immer Tragödien implizierten, für einzelne und für die ganze Gesellschaft.

Eines der Hindernisse aber, das den tschechisch-deutschen Übersetzern im Wege steht, ist in der historischen Entwicklung der Literatur selbst begründet, und nichts wäre verfehlter, als die poetischen Abgründe zu unterschätzen, welche die beiden Literaturen voneinander trennen. Es ist eines, französische Lyrik ins Portugiesische zu übersetzen, denn ihre Entwicklungen verlaufen immer wieder in historischer Analogie, aber ein anderes, tschechische Poesie ins Deutsche übersetzen zu wollen. Ihre Wege haben sich seit der Jahrhundertwende gründlich getrennt, in Idiom, Gattungen, poetologischer Selbständigkeit, und während der Expressionismus die deutschen Erben der Klassik und Romantik in eine stürmische Sprache hoher Gesten steigerte, wählten die tschechischen Zeitgenossen eine Poesie der alltäglichen Umgangssprache, der poetistischen Spiele, und die Nachfolge der Pariser Surrealisten, die auch heute noch vielen tschechischen Gedichten ihre Spur aufgeprägt hat. Die produktivsten und einsichtsreichsten Übersetzer tschechischer Lyrik, ob Prager Schriftsteller, unbeirrbare Einzelgänger oder jüngere DDR-Poeten, gaben sich keinen Illusionen über die Verschiedenheit der Literaturen hin und akzeptierten die trennenden Abgründe als erste Voraussetzung ihrer Mittlerschaft. Sie tanzten auf dem luftigen Seil, mit Versen im Kopf, aber ganz ohne Netz.

Für die Förderung ihrer Arbeit sagen die beiden Herausgeber der Österreichischen Gesellschaft für Literatur und dem Institut für die Wissenschaften vom Menschen (beide in Wien) ihren herzlichen Dank.

Ladislav Nezdařil
Peter Demetz
Prag (ČR) – New Haven (USA)
Januar 1994

Autoren- und Quellenverzeichnis

Die Einholung der Autoren- und Übersetzungsrechte für diese Anthologie gestaltete sich schwieriger als ansonsten üblich. Sowohl bei tschechischen wie bei verschiedenen Verlagen der ehemaligen DDR, die für zahlreiche Übersetzer zuständig sind, konnten wir nicht immer die derzeitigen Rechteinhaber ausfindig machen. So muß das folgende Verzeichnis leider zwangsläufig lückenhaft bleiben. Selbstverständlich wird der Verlag alle berechtigten Honoraransprüche zu seinen üblichen Sätzen begleichen.

Der Verlag

Antošová, Svatava (*1957 Teplitz) Ausbildung als Bibliothekarin in Prag, dann Arbeiterin. Lyrikpublikationen seit 1988.
Nachtschicht, Sie nennen mich Poesie: Übersetzt von Peter Sacher. Erstveröffentlichung in: Lettre International, Nr. 4/1989 u. Nr. 6/1989, Berlin.
Bernardinová, Eva (*1931 Prag) Redakteurin und Bibliothekarin. Lyrikpublikationen seit 1969, Prosa seit 1976.
Mein Name verschwand aus deinem Mund, Das gemeinsame Konto, Dein Gesicht: Übersetzt von Peter Demetz.
Bezruč, Petr, eigentl. Vladimír Vašek (*1867 Troppau – †1958 Olmütz) Fragmentarisches Philosophie-Studium, dann vierzig Jahre lang Postbeamter. In der K. und K. Monarchie zwei Jahre Kerkerhaft wegen Verdacht des Hochvertrats. Wichtigste Gedichtsammlung: »Slezské písně«/ Schlesische Lieder, 1909. Einsamer Prophet und Dichter der schlesischen Proletarier slawischer Zunge.
Wirbitz: Übersetzt von Rudolf Fuchs. Aus: Schlesische Lieder, ©Ü Aufbau Verlag, Berlin 1963.
Ich lebte wie ein Steppentier, Wer springt in die Bresche, Kantor Halfar, Schlesische Wälder, Maritschka Magdonowa, 70000: Übersetzt von Georg Mannheimer. Aus: Lieder eines Rebellen, Selbstverlag, Brünn 1931, S. 27–30, 33–35, 44 u. 66.
Biebl, Konstantin (*1898 Slavětín bei Louny – Selbstmord 1951, Prag) Im Ersten Weltkrieg Soldat an der Balkanfront. Gefangenschaft und

Flucht. Medizinstudent in Prag, langer Aufenthalt in Java, Sumatra und Ceylon. Lyrikpublikationen seit 1927. Surrealist mit Fernweh.

Dschungel: Übersetzt von Otto Pick.

Orient: Übersetzt von Franz Fühmann. Aus: Die Sonnenuhr, ©Ü Reclam Verlag, Leipzig 1987, S. 154.

Javanerinnen: Übersetzt von Johannes Bobrowski. Aus: Glasträne, ©Ü Verlag Volk und Welt, Berlin 1964, S. 128.

Patienten: Übersetzt von Franz Fühmann. Aus: Die Sonnenuhr, ©Ü Reclam Verlag, Leipzig 1987, S. 151 f.

Spiegel der Zeit: Anonym.

Blatný, Ivan (*1919 Brünn – †1990 Colchester, England) Sohn des Dramatikers Lev Blatný, Student und Angestellter. Im Jahre 1945 Eintritt in die Kommunistische Partei, 1948 Arbeitsstipendium nach England, von wo aus er nicht mehr zurückzukehren gedachte. Angst vor Auslandsagenten der ČSSR-Staatssicherheit, Nervenzusammenbruch, mehr als dreißig Jahre in einer geschlossenen Heilanstalt in England. Die Krankenschwester Frances Meacham rettete die auf Zettel gekritzelten Verse. Nach seinem Tod in England nach Brünn überführt und dort begraben.

Herbst, In der Nähe der Kathedralen, Das Gute, Frühling, Annaberg, Sommerabend, O Mähren, Wasserstunden: Alle übersetzt von Peter Demetz.

© der Originaltexte Doc. Mudr. Jan Šmarda, Brno, ČR.

Březina, Otokar, eigentl. Václav Ignác Jebavý (*1868 Počátky bei Pelhřimov – †1929 Jaroměřice ü. d. Rokytná) Lehrer an westmährischen Schulen. Leser Schopenhauers, Nietzsches und der indischen Philosophie. Fünf Gedichtsammlungen um die Wende des Jahrhunderts (1895–1901). Bedeutendster Repräsentant des tschechischen Symbolismus.

Die Welt der Pflanzen, Frühlingsnacht: Übersetzt von Pavel Eisner. Aus: Tschechische Anthologie, ©Ü Insel-Verlag, Leipzig 1917, S. 84 f u. 92 f.

Meine Mutter: Übersetzt von Rudolf Fuchs. Aus: Glasträne, Verlag Volk und Welt, Berlin 1964, S. 29 f.

Die Glücklichen, Die Stadt, Natur: Übersetzt von Franz Werfel u. Erik Saudek. Aus: Winde von Mittag nach Mitternacht, Kurt Wolff, München 1920, S. 27 f, 38 f u. 47; © Ü Věra Saudková, Prag.

Erde?: Übersetzt von Otto Pick. Aus: Hymnen, ©Ü Kurt Wolff, München 1913, S. 24.

Diviš, Ivan (*1924 Prag) Während des Zweiten Weltkrieges politischer Häftling, Studium der Philosophie an der Karls-Universität, dann in

verschiedenen Berufen: Bibliothekar, Angestellter, Fräser. Träger
der Verdienstmedaille der ČS-Armee. Im Jahre 1969 Emigration in
die Bundesrepublik, Redakteur des Sender Freies Europa. Erste Ly-
rikpublikation 1947, der eigentliche Durchbruch in den siebziger
Jahren. Lebt in München.

Die Königin Schubat, Was meine Aguen sehen mußten: Übersetzt von
Peter Demetz.

Fischer, Otokar (* 1883 Kolín – † 1938 Prag) Bedeutendster Germanist
der ersten Republik. Lyriker und Übersetzer (Goethe, Heine, Kleist,
Nietzsche). Direktor des Schauspielhauses des tschechischen Natio-
naltheaters. Einem Herzschlag erlegen, als er die Nachricht vom An-
schluß Österreichs im Radio hörte.

Nach der Vollendung der »Faust«-Übersetzung: Übersetzt von Otto
F. Babler. Aus: Glasträne, ©Ü Verlag Volk und Welt, Berlin 1964,
S. 101.

© J. O. Fischer, Prag.

Fischerová, Sylva (* 1963 Prag) Schulen in Olmütz und Brünn, dann
Studium der Philosophie und klassischen Philologie an der Karls-
Universität. Publikationen seit 1987, Übersetzerin nordamerikani-
scher Literatur.

*Lauf und bitt für mich, Schwester..., Um genauer zu sein, Mähren, Die
Poesie:* Übersetzt von Peter Demetz.

Keine Männer: Übersetzt von Peter Sacher. Erstveröffentlichung in:
Lettre International, Nr. 6 / 1989, Berlin.

Grögerová, Bohumila (* 1921 Prag) Kindheit in Olmütz und Brünn,
dann wieder Prag. Studentin der Philosophie und Redakteurin. Au-
torin (oft zusammen mit Josef Hiršal) experimenteller Poesie (seit
1967). Übersetzerin neuer deutscher Texte (H. M. Enzensberger,
H. Heissenbüttel, Max Bense).

Die Mühle (Auszüge): (zusammen mit Josef Hiršal): Übersetzt von Su-
sanna Roth. Aus: Die Mühle, © Residenz Verlag, Salzburg und Wien
1991, S. 35 f u. 46 f.

Halas, František (* 1901 Brünn – † 1949 Prag) Entstammt einer soziali-
stischen Brünner Textilarbeiterfamilie. Lehre als Buchhändler, später
Verlagslektor in Prag, Aufenthalte in Paris und Spanien (1936), im
Zweiten Weltkrieg in der Illegalität, später Sektionschef des Informa-
tionsministeriums (Publikationsabteilung). Lyrikveröffentlichungen
seit 1927; zuletzt aus der Kommunistischen Partei, welcher er jahr-
zehntelang angehörte, als Nihilist und Pessimist ausgeschlossen. Pu-
blikationen seit 1927; das zyklische Gedicht »Staré Ženy« 1935 (Alte
Frauen). Dichter einer disharmonischen, asketischen und barocken
Sprache.

Vorfrühling, Der Stadt Prag, Die alten Frauen: Übersetzt von Peter Demetz. Aus: Poesie, ©Ü Suhrkamp Verlag, Frankfurt 1965.

Herbst: Übersetzt von Heinz Politzer. Erstveröffentlichung in: Prager Presse, 17.7.1938.

Leise: Übersetzt von Otto F. Babler. Aus: Glasträne, ©Ü Verlag Volk und Welt, Berlin 1964, S. 179.

Regen im November: Übersetzt von Franz Fühmann. Aus: Der Hahn verscheucht die Finsternis. ©Ü Verlag Volk und Welt, Berlin 1970.

Ganz herbstlich: Übersetzt von Peter Demetz. Aus: Poesie, © Suhrkamp Verlag, Frankfurt 1965.

Hiršal, Josef (*1920 Chomutičky bei Hořice) Lehrer, Hilfsarbeiter, Redakteur. Lyrikveröffentlichungen seit 1940, später visuelle und konkrete Poesie, zusammen mit Bohumila Grögerová. Viele Übersetzungen aus dem Deutschen.

Die Mühle (Auszüge): (zusammen mit Bohumila Grögerová): Übersetzt von Susanna Roth. Aus: Die Mühle, © Residenz Verlag, Salzburg und Wien 1991, S. 35 f u. 46 f.

Holan, Vladimír (*1905 Prag – †1980 ebd.) Gymnasiast in Prag und sieben Jahre lang Beamter der Pensionsversicherungskasse. Lebte in selbstgewählter Isolation in einem Haus auf der Prager Kleinseite, das er nur selten verließ. Gedichtsammlungen seit 1930. Poet schwieriger Texte, von der Kulturpolitik der Kommunistischen Partei sechzehn Jahre lang ignoriert (1948–1963). Übersetzungen aus dem Spanischen, Französischen, Russischen, Polnischen und Deutschen, darunter auch Nikolaus Lenaus »Albigenser«.

Verse: Übersetzt von Rio Preisner.

Mauer: Übersetzt von Franz Wurm.

Tänzerin: Übersetzt von Reiner Kunze. Aus: Vor eurer Schwelle, ©Ü J. G. Bläschke Verlag, Darmstadt 1970.

Todo, Fragezeichen, Dies Caniculares, Die Liebenden: Übersetzt von Franz Wurm.

Die Föhre: Übersetzt von Reiner Kunze. Aus: Vor eurer Schwelle, ©Ü J. G. Bläschke Verlag, Darmstadt 1970.

Gegen: Übersetzt von Franz Wurm.

Auferstehung von den Toten: Übersetzt von Josef Fanta.

Unter Liebenden, Bei Regen: Übersetzt von von Franz Wurm.

Parkspaziergang 1939: Übersetzt von Franz Fühmann. Aus: Die Glasträne, ©Ü Verlag Volk und Welt, Berlin 1964, S. 225.

Der Schwan: Übersetzt von Verena Flick. Aus: Rückkehr, ©Ü Verlag Wilhelm Schmitz, Gießen 1980, S. 7.

Häuser: Übersetzt von Reiner Kunze. Aus: Vor eurer Schwelle, ©Ü J. G. Bläschke Verlag, Darmstadt 1970.

An die Feinde: Übersetzt von Franz Wurm.

© aller Originaltexte: Agentur Aura-Pont, Prag.

Hora, Josef (*1891 Dobřín bei Roudnice – †1945 Prag) Jurastudium und später Redakteur verschiedener Zeitungen. Reisen nach Rußland und Italien. Im Jahre 1929 aus der Kommunistischen Partei ausgeschlossen. Gedichtpublikationen seit 1915. Viele Übersetzungen aus dem Russischen und Deutschen, darunter Goethe, Schiller, Chamisso.

An der See, In Gefahr: Übersetzt von Franz Fühmann. Aus: Die Glasträne, ©Ü Verlag Volk und Welt, Berlin 1964, S. 85 u. 91.

Das Land, dem wir entsprossen: Übersetzt von Luis Fürnberg. Aus: Die Glasträne, ©Ü Verlag Volk und Welt, Berlin 1964, S. 86.

Zeuge im letzten Kampf zu sein: Übersetzt von Uwe Grüning. Aus: Die Sonnenuhr, ©Ü Reclam Verlag, Leipzig 1987, III, S. 272 f.

Hrubín, František (*1910 Prag – †1971 Budweis) Studium der Rechte und Philosophie, Beamter der Gemeindebibliothek Prag. Lyrik seit 1933, oft im Einklang mit den bildenden Künsten. In den sechziger Jahren Experimente mit epischen und Drehbuch-Texten, z. B. »Romance pro křídlovku« (Romanze für ein Flügelhorn, 1962), einer der bedeutendsten Filme des Prager Vor-Frühlings.

Neige der Liebe, Rast am Brunnen unter Lešany: Übersetzt von Jürgen Rennert. Aus: Romanze für ein Flügelhorn, ©Ü Verlag Volk und Welt, Berlin 1978.

Der Leser am Fluß: Übersetzt von Franz Fühmann. Aus: Glasträne, ©Ü Verlag Volk und Welt, Berlin 1964, S. 256 f.

Lied von der Liebe zum Leben: Übersetzt von Peter Pont. Aus: Glasträne, ©Ü Verlag Volk und Welt, Berlin 1964, S. 266 ff.

Im Herbst nach deinem Tode, Augustmittag: Übersetzt von Jürgen Rennert. Aus: Romanze für ein Flügelhorn, ©Ü Verlag Volk und Welt, Berlin 1978.

© aller Originaltexte: Agentur Dilia, Prag.

Juliš, Emíl (*1920 Prag) Arbeiter und Angestellter. Später Publikationsbeginn (1964), auch in Samisdat-Editionen. Nach der sanften Revolution Träger des Jaroslav Seifert-Preises für Lyrik. Graphische Kompositionen, Collagen.

Spiel um Bedeutung, Wasser weiß verfärbt, Reisen, Herbst, Ankunft: Übersetzt von Peter Demetz. Erstveröffentlichung in: Transit (ZS) Wien, 1992/4, S. 168 ff.

Kundera, Ludvík (*1920 Brünn) Als Gymnasiast in Prag und Leitmeritz, während des Zweiten Weltkrieges im »Totaleinsatz« in Berlin-Spandau. Philosophiestudium in Prag und Brünn, dann Redakteur

und Halas-Herausgeber. Lyrikveröffentlichungen seit 1945. Dichter
und Übersetzer aus der modernen deutschen Literatur, z. B. Brecht,
Becher, Böll, Rilke, Celan, Fühmann, Anna Seghers, u. a. Heraus-
geber der verdienstvollen tschechisch-deutschen Lyrikantholo-
gien »Die Glasträne« (1964, 1966[2]) und »Die Sonnenuhr« (1987,
1993[2]).

Gesteinsvariationen: Übersetzt von Peter Demetz.

Zum Neuen Jahr, Dreimal den Schlüssel gedreht: Übersetzt von Peter
Demetz. Erstveröffentlichung in: Frankfurter Allgemeine Zeitung,
2.1.1991.

Listopad, František, eigentl. Jiří Synek (*1921 Prag) Überlebte den
Zweiten Weltkrieg als Jude in einem Versteck bei böhmischen Bau-
ern. Gründungsmitglied der Gruppe und Zeitung »Mladá Fronta«
(Junge Front, 1945) in den Räumlichkeiten des ehemaligen »Prager
Tagblatt«. Tschechoslowakischer Kulturattaché in Paris, Resigna-
tion aus Protest gegen die dogmatische Kulturpolitik. Exil in Portu-
gal. Professor und Direktor der portugiesischen Akademie für Fern-
seh- und Filmwesen. Portugiesischer Staatspreis für Theater und
Regie. Lebt in Lissabon.

Ivan Blatný gewidmet, Sommer, Sieh meine Hand: Übersetzt von Peter
Demetz.

Machar, Josef Svatopluk (*1864 Kolín – †1942 Prag) Fast dreißig Jahre
Beamter der Bodenkreditanstalt in Wien. In den letzten Jahren der
K.u.K. Monarchie aus politischen Gründen verfolgt und verhaftet,
im Jahre 1918 Generalinspektor der tschechischen Armee. Publi-
zierte seit 1897. Der bedeutendste Dichter des tschechischen Realis-
mus.

Einem Ich-Lyriker: Übersetzt von Spiridion Wukadinovič. Erstveröf-
fentlichung in: Prager Presse, 16.9.1928.

Grabinschrift für die Bourgeoisie: Übersetzt von Pavel Eisner. Aus: Die
Tschechen, ©Ü Piper Verlag, München 1928, S. 165 f.

Sonett von der Definition moderner Poesie: Übersetzt von Richard
Pietraß. Aus: Die Sonnenuhr, ©Ü Reclam Verlag, Leipzig 1986,
S. 252, 2. Aufl. 1993, S. 162.

Aschermittwoch: Übersetzt von Gotthard Storch. EV: Prager Presse,
24.2.1924.

Solus Sibi: Übersetzt von Pavel Eisner. EV: Prager Presse, 14.9.1924.

Nezval, Vítězslav (*1900 Biskoupky bei Třebíč – †1958 Prag) Jugend
als Sohn eines mährischen Dorfschullehrers. Fragmentarisches Stu-
dium der Rechte und der Philosophie, dann lange Jahre in der poli-
tisch engagierten Prager Boheme, in wechselvollen Verhältnissen zur

Kommunistischen Partei. Seit 1945 Sektionschef im Informations-
ministerium (Filmabteilung). Reisen nach Rußland und Frankreich,
Freund André Bretons und Paul Eluards. Lyrik seit 1924 (»Edison«,
1928), lyrische Dramen seit 1931, produktiver Übersetzer (Poe,
Mallarmé, Heine, Rimbaud, Eluard, u. a.). Begabtester Dichter des
tschechischen Poetismus und Surrealismus. Seine amtliche Gesamt-
ausgabe umfaßt 26 Bände.

Edison I–V: Übersetzt von Otto Eisner. Aus: Gedichte, ©Ü Julius
Kittels Nachfolger, Leipzig–Ostrau 1938, S. 51 ff.

© Agentur Dilia, Prag.

Ein Tuch weht ade: Übersetzt von Hans Schönhof. Aus: Gedichte,
©Ü Julius Kittels Nachfolger, Leipzig–Ostrau 1938, S. 62.

Orten, Jiří, eigentl. Jiří Ohrenstein (*1919 Kuttenberg – †1941 Prag),
getötet bei einem Verkehrsunfall durch einen Sanitätswagen der deut-
schen Wehrmacht). Gymnasium in Kuttenberg, als Jude von weiteren
Studien ausgeschlossen. Lyrikveröffentlichungen unter Pseud-
onymen, z. B. Karel Jílek und Jiří Jakub. Posthume Veröffentlichung
seiner »Elegien« (1949), die an den späten Rilke erinnern. Stimme des
tschechischen Existentialismus unter der deutschen Okkupation.

Am Scheideweg: Übersetzt von Peter Demetz.

Ferne Morgendämmerung: Übersetzt von Uwe Grüning. Aus: Die
Sonnenuhr, ©Ü Reclam Verlag, Leipzig 1987, III, S. 251 f.

Nächtliches: Übersetzt von Susanna Roth. Aus: Die Prager Moderne,
©Ü Suhrkamp Verlag, Frankfurt am Main 1991, S. 249.

Die sechste Elegie: Übersetzt von Josef Mühlberger. Aus: Linde und
Mohn, ©Ü regio Verlag Glock und Lutz, Sigmaringendorf 1964,
S. 123 ff.

Die letzte Elegie: Übersetzt von Peter Demetz.

Seifert, Jaroslav (*1901 Prag – †1986 ebd.) Arbeitersohn aus der Pra-
ger proletarischen Vorstadt Žižkov. Gymnasiast ohne Reifeprü-
fung, später Redakteur verschiedener Zeitschriften. Im Jahre 1921
Mitbegründer der Gruppe »Devětsil« (Pestwurz), die sich für eine
proletarische Kunst engagierte. Im Jahre 1929 Ausschluß aus der
Kommunistischen Partei. Reisen nach Rußland und Frankreich, seit
Mitte der 50er Jahre schwerkrank. Lyrikpublikationen seit 1925, zu
seinen letzten Gedichten zählt »Morový sloup« (Die Pestsäule),
1981. Erinnerungen an Zeit, Geschichte und Literatur in seinem
Memoirenband »Všechny krásy světa« (Alle Schönheiten dieser
Welt, 1982). Nobelpreis für Literatur 1984.

Lawn Tennis: Übersetzt von Gerhard Rühm. ©Ü Hora-Verlag, Wien
1985, S. 60.

Verlorenes Paradies: Übersetzt von Franz Peter Künzel. Aus: Der Regenschirm vom Piccadilly, ©Ü Franz Schneekluth Verlag, München 1985/86, S. 79.

Café Slavia: Übersetzt von Franz Peter Künzel. Aus: Der Halleysche Komet, ©Ü Franz Schneekluth Verlag, München 1985/86, S. 59.

Die Barrikade aus erblühten Kastanienbäumen: Übersetzt von Hugo Siebenschein. Aus: Glasträne, ©Ü Verlag Volk und Welt, Berlin 1964, S. 145.

Bericht von einer Demolierung: Übersetzt von Ludvík Kundera.

Die Pestsäule: Übersetzt von Peter Demetz. Erstveröffentlichung in: Kontinent (ZS), Sonderband, Prag, ©Ü Ullstein Verlag, Berlin 1976, S. 144 ff,

© aller Originaltexte: Agentur Dilia, Prag.

Jan Skácel: (*1921 Vnorovy – †1989 Brünn) Nach dem Abitur Totaleinsatz als Tagelöhner in einem Steinbruch in den Alpen, anschließend an den Krieg Studium an der philosophischen Fakultät. In den 50er Jahren Arbeiter, später Zeitschriften-Redakteur. Lange Jahre Schreibverbot. Erste Gedichtsammlung 1957.

Kurze Beschreibung eines Sommers, Ein Wind mit Namen Jaromír: Übersetzt von Felix Philipp Ingold. Aus: Ein Wind mit Namen Jaromír. Gedichte, ©Ü Residenz Verlag, Salzburg und Wien 1991, S. 11 u. 6 f.

Trauern, Aufbetten, Böhmisches Herbstlied, Erwachen, Das Begräbnis des K.: Übersetzt von Reiner Kunze. Aus: Jan Skácel, Wundklee, ©Ü S. Fischer Verlag GmbH, Frankfurt am Main 1982, S. 66, 63, 100, 86 u. 56 f.

Ein Gedicht, das keinen Titel haben will: Übersetzt von Felix Philipp Ingold. Aus: Ein Wind mit Namen Jaromír. Gedichte, ©Ü Residenz Verlag, Salzburg und Wien 1991, S. 15.

Wo wir zu Hause Salz haben, Der Weg zu uns: Übersetzt von Reiner Kunze.

© aller Originaltexte: Agentur Aura-Pont, Prag.

Sova, Antonín (*1864 Pacov – †1928 ebd.) Entstammt einer Lehrer- und Musikantenfamilie. Jurastudium ohne Abschluß, ungesichertes Leben als Journalist und Angestellter, seit 1898 Direktor der Gemeindebibliothek Prag. Die wichtigsten Gedichtsammlungen 1891–1922. Bedeutendstes Talent des tschechischen Impressionismus.

Ein kleiner Flecken: Übersetzt von Pavel Eisner. Aus: Tschechische Anthologie, ©Ü Insel-Verlag, Leipzig 1917, S. 23.

Verse: Übersetzt von Josef Mühlberger. Aus: Linde und Mohn, ©Ü regio Verlag Glock und Lutz (Sigmaringendorf), Nürnberg 1964, S. 36.

Oktober: Übersetzt von Karl Eisenstein. Aus: Gedichte von Antonín Sova, ©Ü Heinrich Minden Verlag, Dresden und Leipzig 1922.

Und aufständische, starke Winde wehten: Übersetzt von Uwe Kolbe. Aus: Die Sonnenuhr, ©Ü Reclam Verlag, Leipzig 1986, 1993 (2. Aufl., S. 179).

Wer hat zerzaust dein dunkles Haar?, Strophen: Übersetzt von Karl Eisenstein. Aus: Gedichte von Antonín Sova, ©Ü Heinrich Minden Verlag, Dresden und Leipzig 1922.

Tragische Strophen: Übersetzt von Franz Fühmann. Aus: Die Glasträne, ©Ü Verlag Volk und Welt, Berlin 1964, S. 22.

Einmal kehren wir wieder: Übersetzt von Josef Mühlberger. Aus: Linde und Mohn, ©Ü regio Verlag Glock und Lutz (Sigmaringendorf), Nürnberg 1964, S. 37.

Šrámek, Fráňa (* 1877 Sobotka – † 1952 Prag) Abgebrochenes Jurastudium, Parteigänger der Anarchisten. Im Jahre 1905 von den K. u. K. österreichischen Behörden aus politischen Gründen inhaftiert, im Ersten Weltkrieg Soldat an der rumänischen, italienischen und russischen Front. Während der deutschen Okkupation weigerte er sich, sein Haus zu verlassen. Franz Pfemfert lag besonders daran, ihn in der Berliner Zeitschrift »Die Aktion« der deutschen Leserschaft nahezubringen.

Kam ein Brief: Übersetzt von Heinz Czechowski. Aus: Die Sonnenuhr, ©Ü Reclam Verlag, Leipzig 1986, 1993 (2. Aufl., S. 188).

Der Tod: Übersetzt von Otto Pick.

Lied, Die Heide: Übersetzt von von Wilhelm Tkaczyk: Aus: Die Glasträne, ©Ü Verlag Volk und Welt, Berlin 1964, S. 47 u. 58.

Soldat im Feld: Übersetzt von Josef Mühlberger. Aus: Linde und Mohn, ©Ü regio Verlag Glock und Lutz (Sigmaringendorf), Nürnberg 1964, S. 71.

© aller Originaltexte. Agentur Aura-Pont, Prag.

Jana Stroblová (* 1936 Prag) Studium der Slawistik an der Karls-Universität Prag, Redakteurin / Übersetzerin / Lektorin in einem Kinderbuchverlag. Debütierte 1958.

Ich bleib nicht mehr lang in diesen Alleen, Requiem, Ehe ich hübsch bin: Übersetzt von Peter Demetz.

Toman, Karel, eigentl. Antonín Bernášek (* 1877 Kokovice bei Slané – † 1946 Prag) Studium der Rechte ohne Abschluß, Angestellter, rastloser Wanderer durch europäische Städte und Länder. Zuletzt, für kurze Zeit, Bibliothekar der tschechoslowakischen Nationalversammlung. Publikationen seit 1898. Ein Poet der Trauer und des Sarkasmus.

Heimweh: Übersetzt von Pavel Eisner. Aus: Die Tschechen, ©Ü Piper Verlag, München 1928, S. 227.

Heerscharen: Übersetzt von Pavel Eisner. Erstveröffentlichung in: Prager Presse, 21.7.1935.

Oktober: Übersetzt von Rudolf Fuchs. EV: Prager Presse, 3.10.1926.

Nicht eine Hand: Übersetzt von Otto Pick. EV: Prager Presse, 27.5.1934.

Heimat, Oh Heimat: Übersetzt von Otto Pick. EV: Prager Presse, 6.10.1935.

Verse: Übersetzt von Uwe Grüning. Aus: Die Sonnenuhr, ©Ü Reclam Verlag, Leipzig 1986, 1993 (2. Aufl., S. 252).

Vorstadt: Übersetzt von Otto Pick. EV: Prager Presse, 6.4.1924.

Die Sonnenuhr: Übersetzt von Jan V. Löwenbach. EV: Prager Presse, 23.3.1924.

Wolker, Jiří (* 1900 Prostějov – †1924 ebd.) Aus gutbürgerlicher Familie, Jurastudium in Prag, im Jahre 1921 Mitglied der Kommunistischen Partei, 1922-23 in der Gruppe »Devětsil«. Erkrankung an Tuberkulose, Aufenthalte in Jugoslawien und im Tatragebirge, vorzeitiger Tod. Seine bedeutendsten Publikationen »Host do Domu« (Ein Gast ins Haus, 1921) und »Těžká hodina«, (Schwere Stunde, 1924). Ein Liebling jugendlicher Leser und Leserinnen seiner und unserer Zeit.

Die Dinge: Übersetzt von Manfred Jähnichen.

Der Postkasten, Demut: Übersetzt von Josef Mühlberger. Aus: Linde und Mohn, ©Ü regio Verlag Glock und Lutz (Sigmaringendorf), Nürnberg 1964, S. 47 u. 54.

Die ferne Geliebte: Übersetzt von Manfred Jähnichen.

Der Birkenhain: Übersetzt von Ladislav Nezdařil.

Hotelzimmer: Übersetzt von Josef Mühlberger. Aus: Linde und Mohn, ©Ü regio Verlag Glock und Lutz (Sigmaringendorf), Nürnberg 1964, S. 48.

Ballade von den Augen des Heizers: Übersetzt von Reiner Kunze.

Epitaph: Übersetzt von Peter Demetz.

Zahradníček, Jan (* 1905 Mastník bei Třebíč – †1960 Uhřínov bei Velké Meziříčí) Entstammt einer Bauernfamilie, Gymnasium in Třebíč, Philosophiestudium, Redakteur katholischer Publikationen. Im Jahre 1951 zu 13 Jahren Kerker verurteilt und 1960 entlassen. Er starb fünf Monate später. Publikationen seit 1930, Übersetzer Hölderlins, Rilkes und Thomas Manns.

Inhaltsverzeichnis

Die unheimliche Stadt

Ein Prag-Lesebuch

Herausgegeben von Hellmut G. Haasis.
373 Seiten mit 23 Abbildungen
von Hugo Steiner-Prag. Serie Piper 1377

Die Namen Rainer Maria Rilke, Fanz Kafka, Leo Perutz,
Gustav Meyrink, Ernst Weiß, H. G. Adler, Friedrich Torberg beweisen
es: Das tschechische Prag war zwischen 1900 und 1938 neben
Berlin die zweite Metropole der deutschen Literatur. Neben den
großen, auch heute noch bekannten Namen stellt dieses literarische
Lesebuch auch eine Vielzahl vergessener, verschollener Autoren
vor, die nicht selten den Berühmtheiten ebenbürtig sind. Viele
Prager Autoren entkamen knapp den nationalsozialistischen
Konzentrationslagern, einigen, wie Paul Kornfeld und Oskar Wiener,
gelang es nicht. Spätestens unter dem Zeichen dieses Todes
gewinnt die Prager Literatur Symbolkraft für das ganze Jahrhundert.
Die Welt als Gebeinhaus, geahnt von einer bedrängenden Prosa
zwischen Getto und Traum, bitterer Wirklichkeit und
Gespensterreich, zwischen Kampf, Geschichte und Angst.

PIPER